Toscana

Gesa Pölert
Tobias Garst
Christoph Hennig

Inhalt

Das Beste zu Beginn
S. 4

Das ist die Toscana
S. 6

Die Toscana in Zahlen
S. 8

So schmeckt die Toscana
S. 10

 Ihr Toscana-Kompass
15 Wege zum direkten
Eintauchen in die Region
S. 12

Florenz und die nördliche Toscana
S. 15

Florenz S. 16

 Weltstadt einer Epoche – **das Florenz der Renaissance**
S. 22

 Flanieren wie die Florentiner – **Markt- und Oltrarno-Viertel**
S. 26

Fiesole S. 31
Prato S. 32
Pistoia S. 34
Lucca S. 35

 Schaufensterbummel mit Genuss – **einkaufen in Lucca**
S. 40

Pisa S. 43

 Italienischer Strandsommer – **Marina di Pisa**
S. 48

Viareggio S. 50
Livorno S. 51

 In den Marmorbergen – **zu den Steinbrüchen von Carrara**
S. 52

Das Zentrum um das Chiantigebiet
S. 55

Greve in Chianti S. 56

 Von Weingut zu Weingut – **Roadtrip durch den Chianti**
S. 57

San Gimignano S. 60

 Hochhäuser des Mittelalters – **San Gimignanos Türme**
S. 62

Volterra S. 66

 Das Schwein aus der Nachbarschaft – **Kilometro zero**
S. 68

Siena S. 71

 Gut im Rennen – **die Piazza del Campo**
S. 74

Arezzo S. 78
Cortona S. 80

Die südliche Toscana S. 83

Montepulciano S. 84
Pienza S. 85

 Traum von der idealen Stadt – **Pienza** S. 86

 Heiße Quellen – **Thermalorte am Monte Amiata** S. 89

Montalcino S. 92

 Natur pur – **wandern in der südlichen Toscana** S. 94

San Vincenzo S. 96
Massa Marittima S. 97
Castiglione della Pescaia S. 98
Grosseto S. 99

 Unberührte Küste – **der Naturpark der Maremma** S. 100

Saturnia S. 102
Sovana S. 103

 Verwunschene Orte – **Felsnekropolen von Sovana** S. 104

Pitigliano S. 107

 Nikis farbige Skulpturen – **der Giardino dei Tarocchi** S. 108

Hin & weg S. 110

O-Ton Toscana S. 116

Register S. 117

Abbildungsnachweis/Impressum S. 119

Kennen Sie die? S. 120

3

Das Beste zu Beginn

Das schönste Italienisch ganz Italiens
… ist das der Toscana, darüber sind sich die Italiener einig. Das kommt nicht von ungefähr: Die ersten großen Autoren, die im 14. Jh. die Volkssprache benutzten, stammten alle von hier. Dante, Bocaccio und Petrarca haben den toscanischen Dialekt zum Modell für die Schriftsprache gemacht.

Salute! Der toscanische Wein
Seit über 2500 Jahren wird in der Toscana Wein angebaut. Stoßen Sie an und probieren Sie sich durch die berühmten Tropfen der Region – im Chianti oder in der Südtoscana können Sie auf den Weingüter direkt vor Ort produzierte Weine probieren und erleben gleichzeitig eine wunderschöne Landschaft.

Der kleine mit der langen Nase
Der berühmteste Toscaner? Pinocchio, wer sonst! Carlo Lorenzini aus Florenz hatte den Heimatort seiner Mutter, Collodi, vor Augen, als er die Geschichte schrieb. Er nannte sich sogar nach dem kleinen Bergdorf: Carlo Collodi. Heute gibt es dort einen Pinocchio-Park für Kinder.

Strandtage
Die Toscana gilt nicht als typisches Ziel für einen Badeurlaub, aber warum eigentlich nicht? Über 397 km Mittelmeerküste hat die Region und viele breite Sandstrände. Hier können Sie sich träge durch den italienischen Sommer treiben lassen, in der Sonne liegen, in einer der vielen Bars entspannen oder im Frühling das helle Licht über dem Meer genießen und am leeren Strand spazieren gehen.

Künstlerparks
Niki de Saint-Phalle und Daniel Spoerri sind nur die Bekanntesten – viele weitere Künstler haben sich von der Landschaft inspirieren lassen und dort zwischen Hügeln und Feldern ungewöhnliche Freiluftausstellungen geschaffen. Unser Favorit: das Philosophenwäldchen Bosco della Ragnaia, Lebenswerk von Sheppard Craige (► S. 92).

Ihr Toscana-Kompass

#2
Flanieren wie die Florentiner – **Markt- und Oltrarno-Viertel**

#3
Schaufensterbummel mit Genuss – **einkaufen in Lucca**

Trends & Traditionen

ANTIQUITÄTEN, MODE, PRALINEN, SPECK …

#1
Weltstadt einer Epoche – **das Florenz der Renaissance**

ZUM MITTELPUNKT EINES NEUEN DENKENS

WOMIT FANGE ICH AN?

EIN ORT ZUM TRÄUMEN

#15
Nikis farbige Skulpturen – **der Giardino dei Tarocchi**

VOR MEHR ALS **2000** *JAHREN*

#14
Verwunschene Orte – **Felsnekropolen von Sovana**

Seltene Vögel, einsame Strände

Unterwegs zwischen Hügeln und Dörfern

#13
Unberührte Küste – **der Naturpark der Maremma**

#12
Natur pur – **wandern in der südlichen Toscana**

So schmeckt die Toscana

TOSCANISCHE GENÜSSE

Zuppa
Nicht einfach Suppe ist damit gemeint, sondern in gekochtem Gemüse eingeweichtes Brot, gern mit Öl und Kräutern gewürzt, das ursprünglichste Essen der Toscana. Es gibt unzählige Rezepte wie die *ribollita* (mit Gemüse) und die *pappa al pomodoro* (mit Tomaten).

Pecorino überall
Die toscanischen Hügel eignen sich bestens zur Schafzucht. Darum ist würziger Schafskäse, der *pecorino,* hier allgegenwärtig. Jung oder reif, mit Pfeffer, Walnuss oder Trüffel verfeinert: Pecorino ist ein Genuss, besonders mit gutem Olivenöl oder Honig.

Vinsanto
Die Seele des toscanischen Landlebens: Der berühmte Süßwein hat 16 % Alkohol. Sein Name klingt deshalb so heilig, weil die Pfarrer ihn gerne als Messwein benutzten. Gekeltert wird er aus getrockneten weißen Trauben.

Fantastisches Fleisch
Alte heimische Nutztierrassen sorgen für eine besondere Fleischqualität: Probieren Sie die Schweinerassen *cinta senese* aus Siena und *macchiaiolo maremmano* aus Grosseto, das weiße Chianina-Rind, das Maremma-Rind und die schwarze Pisaner Kuh *(mucco pisano).* Auch die Schinken- und Wurstspezialitäten der Toscana sind ein kulinarisches Gedicht.

Wein und Öl
Neben dem Piemont ist die Toscana die bedeutendste Weinregion Italiens. Wie früher ist Wein ein Grundnahrungsmittel, als (fast reiner) Sangiovese oder einfacher Chianti, dem zu einem etwas höheren Prozentsatz andere rote oder sogar weiße Rebsorten beigemengt werden dürfen. Daneben werden herausragende Weine wie der Chianti Classico, der Vino Nobile di Montepulciano oder der Morellino di Scansano gekeltert. Moderne Spitzenprodukte sind der Sassicaia oder der Brunello. Oliven werden vor allem zu Olivenöl *extra vergine* verarbeitet.

do-dolce. Ein Espresso, hier einfach *caffè* genannt, schließt das Essen würdig ab.

Alter Brauch neu belebt: der Aperitivo
Mittendrin im toscanischen Abend: Zum *aperitivo,* dem Drink vor dem Abendessen, treffen sich Italiener ab etwa 19 bis 21 Uhr gerne mit Familie und Freunden. Viele Bars servieren dann zum Aperol oder Campari ein reichhaltiges, im Preis inbegriffenes Snackbüfett. Diese schöne, alte mediterrane Tradition ist in den toscanischen Städten seit ein paar Jahren wieder richtig in Mode gekommen. Beim *aperitivo* können Sie die halbe Stadt treffen – probieren Sie es am besten einfach aus!

So schmeckt die Toscana

Selten haben wir Italiener so erbittert streiten hören wie über die korrekte Größe von Speckwürfeln oder die Zutaten für das perfekte Risotto. Selten haben wir aber auch so gut gegessen wie hier, ob im Restaurant oder bei Freunden! Essen ist ein zentrales Element des italienischen Alltags, gerne in Gesellschaft. Köstliches Essen und guten Wein finden Sie deshalb mit ein bisschen Spürsinn überall, auch in ganz einfachen Trattorien.

Schwarzer Morgen
Frühstück in der Toscana heißt vor allem: Kaffee, gerne schön schwarz und stark. Dazu vielleicht noch ein süßes Teilchen, das war's dann auch schon. Genießen Sie Ihren Espresso oder Cappuccino doch morgens in einer kleinen Bar, da schmeckt er oft am besten – und Sie treffen eine Menge Leute.

Primo, Secondo, Dessert, Kaffee: Mittag und Abend für Genießer
In Italien ist es üblich, mittags und abends warm zu essen. Wenn es die Zeit erlaubt, mit *primo* und *secondo*, also erstem und zweitem Gang. Beim *primo* gibt es meist Pasta oder Risotto. Der *secondo* besteht aus Fleisch oder Fisch. Wer will, nimmt eine Vorspeise (*antipasto*) oder ein Dessert (*dolce*). Beliebt und üblich sind die Kombinationen *antipasto-primo* oder *secon-*

CASTAGNACCIO

Der flache Kastanienmehlkuchen ist eine genussvolle Erinnerung an die toscanischen Berge, ein Familienrezept.

Zutaten für sechs Personen
300 g gesiebtes Kastanienmehl
ca. 350 ml Wasser
2 EL Olivenöl
eine Handvoll eingeweichte und ausgedrückte Rosinen
einige Pinienkerne
etwas Rosmarin

Zubereitung
Mehl, Wasser, Öl und Rosinen zu einer cremigen Masse vermengen und in eine flache, eingeölte Backform füllen. Mit Pinienkernen und Rosmarin garnieren. Ca. 30 Min. bei 200 °C backen. Warm servieren. Am besten schmeckt der *castagnaccio* mit Ricotta.

SALZLOS

Warum ist das Brot der Toscana traditionell salzlos? Weil man früher den Seehandel treibenden Pisanern das Salz nicht übertreuert abkaufen wollte, sagen die Nicht-Pisaner. Weil das Brot seinen Geschmack durch würzige Suppen, Soßen und Aufstriche bekommt, ist die gastronomische Erklärung.

1738
m hoch ist der Monte Amiata, der ›heilige‹ Berg der Südtoscana.

2520
g wog der größte Trüffel der Welt, gefunden 1954 in den Wäldern der Toscana.

49 000
Besucher drängen sich alljährlich beim Palio-Pferderennen auf der Piazza del Campo in Siena.

80 000
Bauernhöfe bewirtschaften 100 000 ha Olivenhaine.

100 000
Kerzen schmücken die Palazzi am Arnoufer während des Luminara-Festes in Pisa.

1 500 000
hl Qualitätswein werden jährlich in der Toscana produziert, zwei Drittel davon sind Chianti-Weine.

2 011 219
Besucher verzeichneten die Uffizien 2016.

1
kg wiegt durchschnittlich ein noch rohes Florentiner Steak.

Die Toscana in Zahlen

1
Arbeiter starb beim 16 Jahre dauernden Bau der Florentiner Domkuppel.

3
Tage nach der Geburt von Galileo Galilei starb 1564 Michelangelo.

37,5
°C warm sind die Schwefelquellen von Saturnia.

39
Jahre alt war Großherzog Leopold I der Toscana, als er 1786 Todesstrafe und Folter abschaffte.

50
l Olivenöl verbraucht eine toscanische Familie pro Jahr.

50
Jahre alt musste Cosimo de' Medici werden, bis er endlich 1569 den Titel Großherzog der Toscana erhielt. Damals wurde der Name Toscana erstmals politisch verwendet.

66,5
% Hügelland prägen das malerische Landschaftsbild.

81
Steinbrüche verkaufen jährlich in Carrara 950 000 t Marmor im Wert von 1 300 000 €.

397
km Küste besitzt die Toscana.

403
Kreuzfahrtschiffe legten 2016 im Hafen von Livorno an.

Das ist die Toscana

Für Besucher malerisch, für Bewohner Alltag: Wäsche flattert in Volterra im Wind.

droht. Da verziehen wir uns dann lieber ans Meer oder machen Landurlaub in einem kleinen *agriturismo* – bis es nach einem langen, langen Sommer im Oktober wieder ruhiger wird und das Wetter milder.

Die Qual der Wahl – toscanische Vielfalt

Wo es am schönsten ist? Kaum zu sagen! Florenz, das hier im Buch den Anfang macht, ist die Hauptstadt der Kunst, das urbane Zentrum der Toscana. Schönheit und Weltgeschichte an jeder Ecke! Nördlich davon liegen historische Zentren wie Pisa und Lucca und die Marmorberge von Carrara. Zwischen Florenz und Siena erleben Sie die Traumlandschaft des Chianti – Weinberge, Zypressen, kleine alte Städte und Landgüter. Eine Tour nach Siena und in die Südtoscana führt durch grandiose Hügellandschaften in wunderschöne alte Orte. Richtung Küste geht es von dort in die wilde Landschaft der Maremma. Und immer wieder locken Strand und Meer: Über 397 km abwechslungsreiche Küstenlandschaft hat die Toscana zu bieten!

Starten ohne Stress

Jetzt wissen Sie gar nicht mehr, was zuerst anschauen? Dann gönnen Sie sich doch erst mal irgendwo einen köstlichen Espresso und frische süße Frühstücksteilchen und lassen Sie sich treiben – in der Toscana gibt es im Grunde an jeder Ecke etwas zu entdecken. Und wenn es nur das nächste tolle Straßencafé ist!

Das ist die Toscana

Hügel, Zypressen, kurvige alte Straßen und einsam gelegene Landgüter – wir fahren durch den Chianti und es sieht genauso aus wie in unzähligen Bildbänden. Diese Toscana gibt es wirklich und nahezu unverändert seit vielen Jahrhunderten. Schon die Renaissance-Idealisten sorgten dafür, dass überall malerisch Zypressen in der Landschaft stehen. Niemand hat seither groß etwas daran geändert. Die Toscana ist eine Kulturlandschaft durch und durch, zwischen weltberühmter Kunst und bäuerlicher Tradition.

Kulinarisch, (kunst)handwerklich, historisch und nachhaltig

Tradition wurde in der Toscana immer groß geschrieben – inzwischen liegt die Region damit im Trend. Biowinzer, Handwerker, Hersteller kulinarischer Spezialitäten oder Agrotouristik-Anbieter können auf jahrhundertealte nachhaltige Praktiken zurückgreifen, die jetzt zeitgemäß interpretiert werden. Die Slow-Food-Idee, die sich für nachhaltigen Genuss stark macht, existierte hier schon in den 1970er-Jahren (offiziell wurde die Bewegung 1986 im Piemont gegründet). Die Erhaltung ihrer Umwelt und Landschaft ist der Bevölkerung traditionell ein wichtiges Anliegen, unterstützt von strengen Schutzgesetzen. Auch das zahlt sich bis heute aus. Im Süden der Region liegt der große Nationalpark der Maremma, in vielen ländlichen Gegenden ist das Landschaftsbild fast unzerstört. Und auch die intakte historische Schönheit vieler toskanischer Orte verdankt sich dem Traditionsbewusstsein vergangener Jahrhunderte, seit dem 19. Jh. außerdem dem vorbildlichen italienischen Denkmalschutz.

Weltoffene Lokalpatrioten und genussvolle Gastlichkeit

Wo Sie auch hinkommen, jeder Ort hat hier seine eigene reiche Geschichte, seinen ganz speziellen Charakter. Typisch für die Toscana! Hier gibt es keine echte historische Hauptstadt. Die Region war im Mittelalter voller konkurrierender Stadtstaaten, jede ein Universum für sich. Das ist bis heute so. Die Menschen werden Sie mit offenen Armen empfangen und immer etwas zu erzählen haben – am liebsten aber über den Ort, wo sie selber geboren sind und oft bis heute leben. Lassen Sie sich von diesen weltoffenen Traditionalisten anstecken: mit ihrem ausgeprägten Hang zum Humor und zum Schönen im Leben. Dazu gehören ausgedehnte Essen mit Familie und Freunden, lange Sommertage am Meer, Ausflüge in die Hügel, Flanieren in den Städten. Und immer die Zeit für einen Kaffee oder einen kleinen Schwatz an der Straßenecke!

Flucht vor dem Winter

Wir persönlich verkürzen in der Toscana gerne den deutschen Winter. Der Frühling beginnt hier im März und ist (mit etwas Glück) strahlend hell, voller Grün und Blumen. Der richtige Moment für ausgedehnten Kaffeegenuss in der Sonne, Spaziergänge am Meer und den entspannten Besuch von Altstädten und Museen. Städte und Strände sind noch vergleichsweise leer, während ab Mai an den touristischen Hotspots der Besucherkollaps

Das Beste zu Beginn

Michelangelo, Da Vinci und Co.
Künstler, Architekten und Wissenschaftler haben der Toscana für immer einen Platz in der Weltgeschichte gesichert. An den alten Universitäten haben Köpfe wie Galileo Galilei studiert, die Museen sind voller Schätze aus Mittelalter und Renaissance, die Altstädte oft nahezu intakt. Tauchen Sie ein in eine glanzvolle Vergangenheit!

Respektlos – gegenüber den Mächtigen
Toscaner denken gerne eigenständig, der Geist des Widerstands ist hier sehr lebendig und der toscanische Witz entsprechend respektlos. Roberto Benigni hat es in seinem oscargekrönten Film »Das Leben ist schön« vorgeführt, das Satiremagazin Il Vernacoliere aus Livorno praktiziert es monatlich. Da wird z. B. der Po der hübschen, aber skandalgeschüttelten Ministerin Elena Boschi zum UNESCO-Erbe erklärt. Um wenigstens ihn zu retten.

Agriturismo
Ferien auf dem Bauernhof sind gerade im ländlicheren Süden der Region ein tolles Erlebnis. Meist kennt man die Gastgeber mit Vornamen und da die toscanischen *agriturismi* oft Weingüter sind, ist immer für einen guten Tropfen gesorgt.

Meditative Orte
Kaum jemand kennt Chiusure. Aber wir haben in dem winzigen Ort am höchsten Punkt der Crete-Landschaft magische Momente erlebt: Der Blick geht über weite Hügelketten in der Abendsonne. Links der Monte Amiata, rechts die Türme von Siena.

Gesa Pölert ist seit je in den Süden verliebt und die Toscana jeden März ihre Rettung vor dem langen deutschen Winter. Tobias Garst hat lange in Florenz und Pisa gelebt. Mit Freunden und Familie probieren wir uns gerne durch die Rotweine der Region, vielleicht treffen wir uns ja auf einem Weingut …

Fragen? Erfahrungen? Ideen?
Wir freuen uns auf Post.

Unser Postfach bei DuMont:
poelert-garst@dumontreise.de

Florenz und die nördliche Toscana

Mehr Kunst auf wenigen Quadratkilometern geht kaum. Gleichzeitig sind die historischen Mauern alles andere als museal: Florenz (hier: die Piazza del Duomo) ist die pulsierende Hauptstadt der Toscana, mit einer kreativen Gastro- und Shoppingszene. Überhaupt ist die nördliche Toscana der urbanere Teil der Region. Von Prato über Lucca bis Pisa erleben Sie historisch gewachsene Stadtkultur. Die nördliche Küste, ebenfalls städtisch geprägt, beginnt bei Carraras Marmorbergen und lockt mit Seebädern von Viareggio bis Marina di Pisa.

Florenz (Firenze)

E 4–5 und Karte 2

Was für eine Geschichte! Gegründet wurde die Stadt am Arno von Julius Cäsar, beschrieben von Dante und Boccaccio, verschönert von Künstlern wie Brunelleschi und Michelangelo. Ab dem 13. Jh. war Florenz eines der führenden Handels- und Bankenzentren Europas, gleichzeitig eine Welthauptstadt der Künste und Wissenschaften. Heute wohnen hier 370 000 Menschen. Handel ist immer noch wichtig, ebenso Mode, Design und Kunsthandwerk. Scheinbar mühelos verbindet sich dabei Eleganz mit Bodenständigkeit: Auch der in Gucci gekleidete Grafiker verzehrt mittags gerne am Stehimbiss sein Spanferkel-Brötchen, einen Panino alla Porchetta.

WAS TUN IN FLORENZ?

Historische Pracht erleben

Die **Piazza della Signoria** ist steinerne Geschichte, ein Energiefeld politischer Macht. Dominiert wird sie vom Rathaus, dem **Palazzo Vecchio** 1 (www.museicivicifiorentini.comune.fi.it/de/palazzovecchio, Okt.–März Fr–Mi 9–19, Do 9–14, April–Sept. Fr–Mi 9–24, Do 9–14 Uhr, 10 €, 14 € inkl. Turm). Der majestätische Bau entstand um 1300. Davor schauen monumentale Skulpturen wie Wächter vergangener Epochen über den Platz. Die berühmteste davon verkörpert die letzte Zeit der Stadtrepublik: Michelangelos **David** 2 links neben dem Rathauseingang (Original von 1504 in der Galleria dell'Accademia). Weiter links sitzt auf einem bronzenen Pferd **Cosimo de' Medici** 3, der im 16. Jh. als Herzog Besitz von der Stadt nahm und den Palazzo Vecchio zum Herrschersitz umfunktionierte. Die prächtigen Innenräume des Palazzo sind eine einzige Feier der Familiendynastie. Nebenan ließ Cosimo die **Uffizien** 4 (▶ S. 22) für Verwaltung und Kunstsammlung bauen. Hofarchitekt Giorgio Vasari schuf eine geniale Verknüpfung zum Arno, wobei die Fassade zum Flussufer wie ein Triumphbogen gestaltet ist. Der Blick hier am Fluss entlang gehört zu den schönsten der Stadt: Rechts erscheint der **Ponte Vecchio** 5, die Ladenbrücke aus dem 14. Jh. Einem herzoglichen Wunsch zufolge dürfen seit über 400 Jahren nur Juweliere die Geschäfte nutzen. Eine Augenweide – und schauen kostet erst mal nichts.

Flanieren zwischen Mode und Moderne

Wo in der Antike das römische Forum lag, schlägt heute das Herz des eleganten Florenz: auf der **Piazza della Repubblica**. Komplett umgestaltet wurde sie ab 1865, als die Stadt kurz Sitz des italienischen Königs war. Schon Ende des 19. Jh. zogen Kaufhäuser und Cafés in die neuen Gebäude; sie sind bis heute geblieben. Trinken Sie einen *caffè* mit Aussicht in der Bar **La Terrazza** 3 (www.rinascente.it, Mo–Sa 9–21, So 10.30–20.30) auf der Dachterrasse des exklusiven Kaufhauses **La Rinascente**. Straßenmusiker sorgen unten auf dem Platz für Stimmung. Der **Palazzo Strozzi** 6 (Piazza degli Strozzi, www.palazzostrozzi.org, Fr–Mi 10–20, Do 10–23 Uhr, 12 €) in der gleichnamigen Straße ist ein Monument des Geltungsdrangs. Kein Wunder,

Der **Caffè Le Giubbe Rosse** 4 (Piazza della Repubblica 13/14r, www.giubberosse.it, So–Do 8–24, Fr/Sa 8–2 Uhr) ist schon seit seiner Gründung 1897 durch den deutschen Biermagnaten Johann Peter Reininghaus ein beliebter Künstlertreff. Davon zeugen Gemälde, Literatenporträts und Fotoausstellungen an den Wänden.

Auch Adam spielt Fußball, im Kostüm des Calcio Storico. Street-Art-Künstler Blub nutzte für sein Motiv einen Bauzaun auf der Piazza Santa Croce.

Bauherr war Bankier und Medici-Rivale Filippo Strozzi, der 1466 aus langjähriger Verbannung in seine Heimatstadt zurückkehrte. Heute ist der Palast Schauplatz ambitionierter Sonderausstellungen, oft mit spannenden Präsentationen moderner Kunst.
Ein paar Meter weiter heißt es: Haute Couture! Vor allem die **Via de' Tornabuoni** schwelgt in Mode-Eleganz, hier liegt eine berühmte Boutique neben der anderen. Krönender Abschluss ist am Arno-Ufer der neo-mittelalterliche **Palazzo Spini Ferroni** 7 (Piazza Santa Trinita 5r, www.ferragamo.com/museo, Museum tgl. 10–19.30 Uhr, 6 €), den der Modezar Salvatore Ferragamo erworben hat. Ein hauseigenes Museum entführt, wohin auch sonst, in die Welt der Mode.

Großen Geistern begegnen

In der Franziskanerkirche **Santa Croce** 8 (Piazza Santa Croce, www.santacroce.firenze.it, Mo–Sa 9.30–17.30, So 14–17.30 Uhr, 6 €) aus dem 14. Jh. liegen die Grabmale berühmter Persönlichkeiten dicht an dicht. Michelangelo bekam hier 1578 ein erstes großes Künstlergrab, exakt gegenüber wurde später der Wissenschaftler Galileo Galilei bestattet – damals ein Affront für den Vatikan! Weiter hinten sind Politik und Musik durch Niccolò Machiavelli und Gioachino Rossini vertreten. Hinter der Kirche führt ein Innenhof zu einer Lederschule, der **Scuola del cuoio** (Via San Giuseppe 5r, Mo–Sa 9.30–18,

---

F FUSSBALL

Wussten Sie, dass der Fußball in Florenz erfunden wurde? – auch wenn er damals mehr dem Rugby ähnelte. Seit dem 15. Jh. sind auf der Piazza Santa Croce Spiele bezeugt, zur Ertüchtigung des adeligen Nachwuchses und Unterhaltung des Volkes. Jeden Juni wird der historische Fußball, der *calcio storico*, wiederbelebt, dann treten die vier Altstadtviertel gegeneinander an.

FLORENZ (FIRENZE)

Sehenswert
1. Palazzo Vecchio
2. David-Skulptur
3. Skulptur Cosimo de' Medici zu Pferd
4. Gallerie degli Uffizi
5. Ponte Vecchio
6. Palazzo Strozzi
7. Palazzo Spini Ferroni/ Ferragamo
8. Santa Croce
9. Giardino Bardini
10. Villa (gebaut von Cosimo de' Medici) / Forte de Belvedere
11. Giardino delle Rose
12. Piazzale Michelangelo
13. San Miniato al Monte
14. Cattedrale Santa Maria del Fiore
15. Baptisterium
16. Museo dell'Opera del Duomo
17. San Lorenzo
18. Cappelle Medicee
19. Palazzo Medici-Riccardi
20. Galleria dell'Accademia
21. Santa Maria Novella
22. Bargello
23. Palazzo Pitti
24. Giardino di Boboli
25. Capella Brancacci / Santa Maria del Carmine

In fremden Betten
1. Foresteria Valdese
2. Soggiorno Pezzati
3. Locanda de' Ciompi
4. Axial
5. Loggiato dei Serviti

Satt & glücklich
1. Il Cernacchino
2. Trattoria dall'Oste
3. La Terrazza / La Rinascente
4. Caffè Le Giubbe Rosse

FLORENZ (FIRENZE)

- 5 Libreria Brac
- 6 La divina Enoteca
- 7 Focaccine Bondi
- 8 Vestri
- 9 Salsamenteria de' Ciompi
- 10 Osteria Pastella
- 11 Piazza della Passera
- 12 Trattoria 4 Leoni
- 13 Ditta Artigianale Oltrarno
- 14 Caffè Ricchi
- 15 Il Santo Bevitore

Stöbern & entdecken
- 1 Scuola del cuoio
- 2 Mercato di Sant'-Ambrogio
- 3 Mercantino delle Pulci (Antiquitäten- und Flohmarkt)
- 4 Eataly
- 5 Alta Rosa
- 6 Mercato Centrale
- 7 Il Cantuccio di San Lorenzo
- 8 Officina Profumo-Farmaceutica di Santa Maria Novella
- 9 Calligraphy & Design Studio
- 10 Société Anonyme Deux
- 11 Gioielli di Camilla
- 12 Twisted Jazz Shop
- 13 Mercato delle Cascine

Wenn die Nacht beginnt
- 1 Space Club
- 2 Easy Living
- 3 Il Vinaio di San Frediano
- 4 Libreria La Cité
- 5 Tenax

Sport & Aktivitäten
- 1 Florence by Bike
- 2 Segway Firenze

April–Okt. auch So 10–18 Uhr), die hochwertige Produkte herstellt und in einem Verkaufsraum anbietet. Sie wurde nach dem Zweiten Weltkrieg von den Franziskanern und Handwerkerfamilien aus dem Viertel gegründet, um Kriegswaisen eine Zukunft zu geben.

Blick von grünen Hügeln

Für die schönsten Florentiner Spaziergänge geht es auf die südliche Arnoseite. Nehmen Sie das malerische Sträßchen **Costa San Giorgio**, es führt zu einem spektakulären Stadtgarten hinauf. Der **Giardino Bardini** 9 (Eingang Costa San Giorgio 2 und Via dei Bardi 1 rosso, www.bardinipeyron.it, Nov.–März 8.15–16.30, April–Okt. 8.15–18.30 Uhr, 1. und letzter Mo im Monat geschl., 10 €, der Eintritt gilt auch für den Boboli-Garten, ▶ S. 24) mit seinen Barocktreppen liegt steil über dem Arno.

Wenig oberhalb ließ Herzog Cosimo de' Medici I im 16. Jh. eine **Villa** 10 bauen, um mit Argusaugen über seine Stadt zu wachen. Sein Sohn Ferdinando fügte ihr den **Forte di Belvedere** (Via San Leonardo 1, http://museicivicifiorentini.comune.fi.it/fortebelvedere, beide Juni–Sept. Di–So 10.30–19.30 Uhr, Eintritt variiert) hinzu. In diesen Wehranlagen stellen während der Sommermonate zeitgenössische Künstler aus. Wenn Sie hier oben im Grünen spazieren und Kunst schauen, genießen Sie dazu die beste Aussicht auf die Altstadt – und vielleicht einen Snack im Festungsbistro **Il Bar del Forte**.

Außerhalb der **Porta San Miniato** steigt ein zypressengesäumter Kreuzweg zu einem weiteren Panorama ab: Die ruhige Via di San Salvatore al Monte führt vorbei am romantischen **Giardino delle Rose** 11 (Viale Giuseppe Poggi 2, tgl. 9 Uhr–Sonnenuntergang, Eintritt frei), in dem 400 verschiedenen Rosenarten um die Wette blühen, zur Aussichtsterrasse **Piazzale Michelangelo** 12. Weiter oben erreichen Sie die bezaubernde Benediktinerkirche **San Miniato al Monte** 13 (Piazza San Miniato al Monte, www.sanminiatoalmonte.it, Sommer Mo–Sa 9.30–13, 15–20, So 15–20, Winter Mo–Sa 9.30–13, 15–19, So 15–19 Uhr, Eintritt frei). Der Blick ins Innere lohnt sich allein schon für die schmucke romanische Kanzel!

MUSEEN, DIE LOHNEN

Eintritte und Reservierungen für die staatlichen Museen sind telefonisch

Florenz und die nördliche Toscana ▶ Florenz (Firenze)

oder im Internet buchbar (T 055 29 48 83, ital./engl., www.firenzemusei.it). Eine Reservierung kostet zusätzlich 3–4 €, ist aber von April bis Oktober für die wichtigsten Museen dringend ratsam. In den staatlichen Museen haben EU-Bürger unter 18 Jahren freien Eintritt. Die Museumskassen schließen 30–45 Min. vor Ende der Öffnungszeit.

Museum mächtiger Mäzene
Gallerie degli Uffizi 2: ▶ S. 22

Himmelskuppel und Paradiespforte
Cattedrale di Santa Maria del Fiore 14, **Baptisterium** 15, **Museo dell' Opera del Duomo** 16: ▶ S. 22

Himmlische Ordnung, irdische Herrscher
San Lorenzo und Medici-Kapellen
Die Idee der Geometrie als göttlicher Perfektion bestimmt diesen Kirchenbau Filippo Brunelleschis (um 1440). Dafür griff er bei **San Lorenzo** 17 auf antike Formen zurück. In den angrenzenden **Cappelle Medicee** 18 setzten sich die Medici ein Denkmal: Mit Grabmalen für Lorenzo den Prächtigen und seine Nachfolger schuf Michelangelo ein Meisterwerk.

San Lorenzo: Piazza San Lorenzo 9, www.operamedicealaurenziana.org, Mo–Sa 10–17.30 Uhr, 5 €; Cappelle Medicee: Piazza Madonna degli Aldobrandini 6, www.cappellemedicee.it, tgl. 8.15–13.50 Uhr, am 2., 4. So, 1., 3., 5. Mo im Monat geschl., 8 €

Der Sitz des Geldes
Palazzo Medici-Riccardi 19
Hier wohnten die Medici, als sie noch reiche Bürger und Bankiers waren. Innen ist die Hauskapelle der barocken Umgestaltung entgangen, glücklicherweise! Der Maler Benozzo Gozzoli veredelte sie mit farbenfrohen Fresken, die den Zug der Hl. Drei Könige darstellen – ein Indiz dafür, mit wem sich die Medici identifizierten.

Via Cavour 3, Do–Di 8.30–19 Uhr, 7 €

David Superstar
Galleria dell'Accademia 20
Hierher kommen alle, die Michelangelos David im Original sehen wollen. Unter einer eigenen Lichtkuppel wirkt er tatsächlich eindrucksvoller als in Kopie vor dem Rathaus. Mit sechs anderen, halb fertigen Figuren Michelangelos, die u. a. für das Grab Papst Julius' II. bestimmt waren, bildet er ein einmaliges Skulpturenensemble. Gemälde vom Mittelalter bis ins 16. Jh. komplettieren die Sammlung.

Via Ricasoli 58–60, www.galleriaaccademiafirenze.beniculturali.it, Di–So 8.15–18.50 Uhr, 8 €, bei Sonderausstellungen 12,50 €

Die Kirche der Dominikaner
Santa Maria Novella 21
Hinter der weltberühmten Renaissancefassade sind Schmuckstücke der Renaissancemalerei zu finden. Highlights sind Giottos bemaltes Holzkreuz und das Dreifaltigkeitsfresko Masaccios – das erste nach der Fluchtpunktperspektive konstruierte Bild. Ghirlandaios Fresken in der Hauptkapelle erzählen die Lebensgeschichten Marias und Johannes des Täufers und sind gespickt mit zahlreichen Renaissanceporträts.

Piazza Santa Maria Novella 19, www.smn.it, Mo–Do April–Sept. 9–19, Fr April–Sept. 11–19, Mo–Do Okt.–März 9–17.30, Fr Okt.–März 11–17.30, Sa und vor religiösen Fei Sept.–Juni 9–17.30, Juli/Aug. 9–18.30, So, Fei Sept.–Juni 13–17, Juli/Aug. 12–18.30 Uhr, 5 €

Skulptur in jeder Form
Bargello 22
Stein, Bronze, Silber, Holz, Terracotta, Elfenbein – alle Materialien und Formen der Bildhauerkunst sind im mittelalterlichen Gerichtspalast versammelt, darunter ein wunderbarer kleiner Bron-

ÜBRIGENS

Sie fragen sich, was es mit den Buchstaben **r** und **n** in den Adressen auf sich hat? Zwei Hausnummernsysteme durchziehen Florenz: Geschäftsadressen werden am Gebäude in der Regel mit roter *(rosso)* Hausnummer gekennzeichnet. Schwarz *(nero)* sind die Hausnummern der Privatadressen.

Weltstadt einer Epoche – **das Florenz der Renaissance**

Ein goldenes Zeitalter, eine neue Welt: Während Großteile Europas noch im Mittelalter lebten, wurde Florenz im 15. und 16. Jh. zum Mittelpunkt eines neuen Denkens. Unter der Schutzherrschaft der Familie Medici erobert die Renaissancekultur erst Florenz, dann Europa.

Über 500 Jahre ist es her, aber Zauber und Glanz der Vergangenheit sind bis heute an jeder Straßenecke spürbar. Renaissancebauten, Museen und Kunstwerke stehen dicht an dicht. Künstler wie Michelangelo Buonarroti, Sandro Botticelli und Leonardo da Vinci arbeiteten zur Blütezeit der Renaissance in Florenz, der Architekt Filippo Brunelleschi, später der Wissenschaftler Galileo Galilei. Sie revolutionierten Kunst und Wissenschaft: stellten den Menschen ins Zentrum des Universums, feierten die konkrete Realität und ein wissenschaftliches Weltbild.

Strippenzieher und mächtige Mäzene

Aufträge und Förderung erhielten sie von den Medici, der vielleicht wichtigsten Mäzenatenfamilie der Epoche. Avantgardistisch, politisch geschickt und grenzenlos reich, zog der Bankerclan aus dem Hintergrund die Strippen im Stadtstaat. Unter seiner Führung wurde Florenz zu einer kulturellen und wirtschaftlichen Metropole von Weltrang.

Antike, Barock ... Uffizien

Erinnerung an die letzte Phase der Stadtrepublik: Die Replik der berühmten David-Skulptur (1506) Michelangelos wacht neben dem Rathaus.

Die **Gallerie degli Uffizi** 4, eine der berühmtesten Kunstsammlungen der Welt, bewahren bis heute das Medici-Erbe. Grundstock des Museums ist die grandiose Sammlung der Familie – zahlreiche Meisterwerke von griechischen Antiken bis hin zur Barockmalerei, darunter Giottos Madonna, Botticellis Venus oder die Papstporträts von Raffael. Tun Sie es ihnen gleich und lassen Sie sich in den alten, hohen Hallen von der Kunst glanzvoller Jahrhunderte verzaubern! Vom Korridor an der Südseite und von

Das Florenz der Renaissance #1

der Dachterrasse des Uffizien-Cafés aus haben Sie außerdem schöne Ausblicke in die Stadt.

Eintritt ins Paradies

Mit dem Bau des Domes, der **Cattedrale di Santa Maria del Fiore** 14 wurde 1296 begonnen. Erklärtes Ziel der Florentiner Stadtväter war es, ein architektonisches Weltwunder zu schaffen. Die Fertigstellung der riesigen Kuppel – größte gemauerte Kuppel der Welt und Wahrzeichen der Stadt – gelang allerdings erst 140 Jahre später dem Renaissance-Architekten Filippo Brunelleschi.

Das benachbarte **Baptisterium** 15 aus dem 11. Jh. ist berühmt für seine drei Bronzetüren, insbesondere die dem Dom zugewandte **Paradiespforte**. Lorenzo Ghiberti, einer der ersten Bildhauer der Renaissance, arbeitete 27 Jahre lang daran. Am Baptisterium finden sich allerdings heute nur noch Kopien; der **Museo dell'Opera del Duomo** 16, das Dombaumuseum, bewahrt die viel schöneren Originale! Nach der Wiedereröffnung 2015 glänzt das Museum außerdem mit einer wirklichkeitsgroßen Rekonstruktion der alten Domfassade.

Groß und weit präsentiert sich der Dom, die Cattedrale di Santa Maria del Fiore – die seit dem 15. Jh. von der größten gemauerten Kuppel der Welt überspannt wird.

INFOS/ÖFFNUNGSZEITEN

Gallerie degli Uffizi 4: Piazzale degli Uffizi 1, www.uffizi.it, Di–So 8.15–18.50 Uhr, 8,50 €, bei Sonderausstellungen 13 €. Unbedingt reservieren (T 0039 055 294 883, www.b-ticket.com/b-ticket/uffizi)
Cattedrale di Santa Maria del Fiore 14: Piazza San Giovanni, Mo–Mi, Fr 10–17, Do, Sa 10–16.30, So, Fei 13.30–16.45 Uhr, Eintritt frei
Baptisterium 15: Piazza San Giovanni, www.ilgrandemuseodelduomo.it, Mo–Sa 8.15–20, So, Fei, 1. Sa/Monat 8.30–14 Uhr, nur als Kombiticket mit Museum, 15 €, 48 Std. gültig
Museo dell'Opera del Duomo 16: Piazza Duomo 9, www.ilgrandemuseodelduomo.it, tgl. 9–20 Uhr, 1. Di/Monat geschl., Domkuppel Mo–Fr 8.30–20, Sa 8.30–17.40, So 13–16 Uhr (Reservierung obligatorisch), Campanile tgl. 8.30–20 Uhr, Kombiticket s. Baptisterium

KULINARISCHES FÜR ZWISCHENDRIN

Eine kleine, schnelle – aber leckere – Stärkung bekommen Sie im **Il Cernacchino** 1 (Via della Condotta 38r, T 055 29 41 19, Mo–Sa 9.30–19.30 Uhr, Panini 5 €). Vielfältig belegte Panini und andere kleine Gerichte, aber wenig Platz.
Doch ein üppigeres Mahl gefällig? Dann lockt Sie vielleicht die **Trattoria dall'Oste** 2 (Via dei Cerchi 40, T 055 21 31 42, www.osteriadalloste.it, tgl. 11–22.30 Uhr, Pasta 6,50–9,50 €, Filets 23,50–32 €, Steaks 19,50–85 €). Hier werden Rindersteaks und -filets vom Feinsten serviert. Auch sonst bietet das Lokal Topqualität, und das bei großer Speiseauswahl.

Faltplan: Karte 2, C–D 4–5 | **Cityplan:** ▶ S. 18

ze-David von Donatello und ein Bacchus von Michelangelo.

Via del Proconsolo 4, www.museodelbargello.it, tgl. 8.15–13.50 Uhr, am 2., 4. So, 1., 3., 5. Mo im Monat geschl., 8 €

Das Florenz der Herzöge
Palazzo Pitti und Boboli-Garten
Wenn Sie im Prunk des toscanischen Adels schwelgen möchten, sollten Sie den Pitti-Palast besuchen und anschließend einen Spaziergang durch die Boboli-Gärten unternehmen. Der **Palazzo Pitti** 23, ehemaliger Wohnpalast der toscanischen Herzöge, beherbergt u. a. deren Kunstsammlungen. So sind in der **Galleria Palatina** Gemälde von Tizian, Raffael und Rubens zu bewundern, antike Vasen und Silberschmuck im **Tesoro dei Granduchi.** Der weitläufige **Giardino di Boboli** 24 am rückseitigen Hügel zählt zu den prachtvollsten Manierismus- und Barockgärten Italiens.

Piazza Pitti 1, Galleria Palatina: Di–So 8.15–18.50 Uhr, Tesoro dei Granduchi und Giardini di Boboli: Nov.–März. 8.15–16.30, April/Mai, Sept./Okt. 8.15–18.30, Juni–Aug. 8.15–19.30 Uhr, 1. und letzter Mo im Monat geschlossen, Einheitstickets für die Museen im Palazzo Pitti 8,50 €, bei Sonderausstellungen 13 €

Renaissancefresken
Cappella Brancacci 25: ▶ S. 27

SCHLEMMEN, SHOPPEN, SCHLAFEN

In fremden Betten

In Florenz lohnt es sich, bei Airbnb (www.airbnb.com) zu stöbern: über 300 Angebote (20–400 €). Die Preise von B & Bs und Hotels können je nach Saison stark variieren. Auf den Hotel-Websites gibt es oft gute Angebote! Unsere Preisangaben beziehen sich in der Regel auf die Hochsaison (Sommermonate).

Günstige Oase der Ruhe
Foresteria Valdese ❶
Hinter den Mauern des Palazzo Salviati auf der ruhigen Südseite des Arno öffnet sich eine großzügige, gepflegte Anlage mit Garten. Die Zimmer der Valdenser-Gemeinde bieten herrliche Ausblicke auf den Garten oder die Stadt. Die Zimmerpflege bleibt den Gästen überlassen. Bei der schönen Atmosphäre kein Problem!

Via dei Serragli 49, T 055 21 25 76, www.firenzeforesteria.it, Rezeption Mo–Fr 8.30–13.30, 14.30–20, Sa/So, Fei 8.30–13.30, 14.30–18.30 Uhr, DZ 60–80 €

Blick ins Grüne
Soggiorno Pezzati ❷
In einer Seitenstraße nahe dem Marktviertel liegt dieses hübsche, kleine Bed & Breakfast. Wirtin Daniela legt viel Wert auf das Wohlgefühl ihrer Gäste. Die Zimmer sind sorgfältig renoviert. Besonders schön sind die zum Garten raus.

Via San Zanobi 22, T 055 29 16 60, www.soggiornopezzati.it, DZ 60–90 €

B & B im ursprünglichen Osten
Locanda de' Ciompi ❸
Im volkstümlichen Sant'Ambrogio-Viertel wohnen noch primär Florentiner, darunter Signor Gallori, der ein gehobenes, familienfreundliches Fünf-Zimmer-B & B führt.

Via Pietrapiana 28, T 055 26 38 034, www.bbflorencefirenze.com, DZ/ÜF 75–100 €

Centralissimo
Axial ❹
Die Lage ist unschlagbar: in der Fußgängerzone genau zwischen Dom und Rathausplatz findet sich das Axial. Das familiär und vielsprachig geführte Hotel hat sogar einen hübschen Innenhof und wartet mit einem guten Frühstück auf.

Via dei Calzaiuoli 11, T 055 21 89 84, www.hotelaxial.it, DZ/ÜF um 160 €

Wohnen zwischen Antiquitäten
Loggiato dei Serviti ❺
Man wähnt sich in eine andere Zeit versetzt: Unter einer langen Renaissance-Loggia liegt der Eingang zu diesem ehrwürdigen *palazzo*, dessen große Räume stilvoll mit historischen Möbeln

eingerichtet sind. Vor der Haustür erstreckt sich einer der elegantesten Plätze der Stadt.
Piazza Santissima Annunziata 3, T 055 28 95 92, www.loggiatodeiservitihotel.it, DZ/ÜF um 200 €

Satt & glücklich

Panini oder Steaks?
❶, ❷: ▶ S. 23

Kaffee mit Aussicht, Künstlertreff
❸, ❹: ▶ S. 16

Vegetarisches zwischen Büchern
Libreria Brac ❺
Eine originelle Synergie: die Kombination aus Kunstbuchhandlung (Schwerpunkt auf Zeitgenössischem) und gesunder Küche. Vegetarische Kost bildet die Grundlage, aber auch vegane und glutenfreie Mahlzeiten werden in der Libreria Brac angeboten, als Salat, Gemüse-Carpaccio, Risotto oder Pasta.
Via dei Vagellai, 18r, T 055 094 48 77, www.libreriabrac.net, Mo–Sa 12–14, 19–22, So 12–20 Uhr, 6–8 €

Auf ein Gläschen Wein
La divina Enoteca ❻
Falls Sie sich zwischen den Besichtigungen ein Gläschen Wein genehmigen und eine Kleinigkeit essen möchten, bietet sich dieses sympathische Weinbistro an. Der freundliche Inhaber hilft jedem Gast gerne bei der Auswahl.
Via Panicale 19r, T 055 292723, www.ladivinaenoteca.it, Di–Sa 10.30–20.30 Uhr

Sandwiches all'italiana
Focaccine Bondi ❼
Ein einfaches Sandwichlokal mit dicken Holztischen. An der Theke können Sie sich das Fladenbrot *focaccia* mit zig Zutaten und Soßen belegen und würzen lassen, ganz nach eigenem Gusto.
Via dell'Ariento 85r, T 055 28 73 90, Di–Sa 12–22 Uhr, 2,50–4 €

Eingefleischte Florentiner lieben *trippa*! So heißen Kutteln auf Italienisch. Was in Berlin der Currywurst-Stand ist, ist hier die *trippa*-Bude. Da serviert man die gekochten Eingeweide im Brötchen mit Sud, Salz und Pfeffer. Z. B. in der Via dell'Ariento. Wer's wagt, probiert!

Süßes Kunsthandwerk
Vestri ❽
Der Chocolatier Daniele Vestri verführt mit wunderbaren Schokoladenkreationen und großartigem Eis. Der Kakao stammt von seiner eigenen Plantage in der Dominikanischen Republik.
Borgo degli Albizi 11r, T 055 234 03 74, www.vestri.it, Mo–Sa 10.30–22 Uhr

Einfach gut
Salsamenteria de' Ciompi ❾
Die Brüder Daniele und Marco bieten in ihrem jungen Lokal schmackhafte Landküche ohne Schnickschnack. Ihre Zulieferer kennen sie persönlich. Das Fleisch kommt direkt vom Züchter, das Biomehl für das flache *schiacciata*-Brot frisch aus der Mühle. Natürlich gibt es hier auch Bistecca Fiorentina (40 €/kg).
Via Pietrapiana 27r, T 055 24 17 11, www.salsamenteriadeiciompi.it, tgl. 10–23 Uhr, Hauptgerichte 10–16 €

Pasta – auch für's Auge
Osteria Pastella ❿
Mehr Transparenz geht nicht: Die Nudeln entstehen frisch im Schaufenster. Traditionelle Gerichte werden modern interpretiert, wie etwa bei dem Ricotta-Tortello mit Ziegenkäse, Garnelen und schwarzen Trüffeln. Auch das Auge isst mit in diesem stylischen Restaurant.
Via della Scala 17r, T 055 267 02 40, www.osteriapastella.it, tgl. 12–14.30, 19–22.30 Uhr, Pasta um 15 €, Hauptgerichte um 24 €

Flanieren wie die Florentiner – **Markt- und Oltrarno-Viertel**

In der touristischen Saison sind die Florentiner im Stadtzentrum oft in der Minderheit. Wo Sie sie dennoch treffen: am südlichen Arno-Ufer, dem Oltrarno, oder in den grandiosen Hallen des Mercato Centrale, 2014 zum neuen Treffpunkt umgebaut.

Glas und Stahl, gefüllt mit Genuss und Leben

Im Herzen der Stadt, nicht weit von Bahnhof und Dom, prunkt seit 1874 die Glas-Stahl-Architektur der Markthallen von Florenz. In den letzten Jahrzehnten war hier allerdings wenig los. Draußen wurde Touristenkram vertickt, drinnen war klassischer Wochenmarkt. 2014 hat sich das geändert, seitdem ist der neue **Mercato Centrale** ein Florentiner Hotspot. Damals eröffnete im zweiten Geschoss eine **Marktetage** nach dem Vorbild der Foodmarkets von London, Berlin und New York. Auf insgesamt 3000 m² ist ein Ort für Begegnungen und nachhaltigen Genuss entstanden, den die Florentiner ebenso nutzen wie ein internationales Publikum. Die lichtdurchflutete Architektur hat viel Platz für Köstlichkeiten aus ganz Italien. Hinter gläsernen Theken wird nach alter Handwerkstradition Büffelmozzarella gedreht, Brot gebacken, Eis gerührt. 500 Sitzplätze bieten Raum zum Essen, Trinken und Leute gucken. Sehenswert ist auch der traditionelle **Wochenmarkt** im Erdgeschoss. Hier finden die Florentiner bis heute alle Zutaten für alte Familienrezepte.

Weiter flanieren, einkaufen und … genießen

Noch nicht genug gesehen, gekostet, geschaut? Dann geht es jetzt raus aus dem Zentrum und über den Arno. Im **Oltrarno-Viertel** locken interessante, teils ganz neue Läden und Orte abseits des größten touristischen Rummels. Die **Via Mag-**

Internationale Beauty-Bestseller bietet die über 400 Jahre alte Apotheke **Officina Profumo-Farmaceutica di Santa Maria Novella** (Via della Scala 16, tgl. 9–19 Uhr, www.smnovella.com). In den prächtigen alten Räumen des Dominikanerordens gibt es weltweit begehrte Parfüms, Seifen und Kosmetika aus Kräutern.

Markt- und Oltrarno-Viertel #2

Wer die Toscana im Herbst besucht, kommt an ihnen nicht vorbei – weder auf den Märkten noch auf den Speisekarten der Restaurants, als Beilage zum Bistecca Fiorentina, auf Pizza, zu Pasta oder … Köstlich sind sie, die frischen Steinpilze.

gio ist traditionell eine Straße alteingesessener **Antiquitäten- und Kunsthändler.** Neue Akzente setzen Neueröffnungen wie das **Calligraphy & Design Studio** 🛈. Hier verkaufen Betty Soldi und Matteo Perduca ausgesuchte Antiquitäten, wunderschöne eigenhändige Papierkreationen und Grafiken, dazu Wohnaccessoires und Porzellan. Direkt gegenüber gibt es in Massimiliano Giannellis Concept Store **Société Anonyme Deux** 🛈 internationale Mode (etwa von Henrik Vibskov, Comme des Garçons, Helmut Lang) und Eigenkreationen. Schönen und originellen Schmuck zu interessanten Preisen (50–200 €) sowie Keramik bietet eine Straße weiter die junge Goldschmiedin Camilla Pistoles in ihrem Laden **Gioielli di Camilla** 🛈. Camillas Kreationen aus Gold, Silber und Perlen entstehen auf einer winzigen Arbeitsfläche direkt bei der Kasse.

> → UM DIE ECKE
>
> Nicht verpassen sollten Sie auf dieser Seite des Arno ein weiteres Highlight des Renaissance-Florenz: die **Cappella Brancacci** 25 (Piazza del Carmine, Mo, Mi–Sa 10–17, So, Fei 13–17 Uhr, 6 €) in der Kirche **Santa Maria del Carmine.** Dort haben Masolino und Masaccio zwischen 1424 und 1428 zeitlose Fresken geschaffen.

#2 Markt- und Oltrarno-Viertel

Auch an der Piazza Santo Spirito können Sie einkehren und die Atmosphäre im Oltrarno-Viertel genießen.

Versteckte Treffpunkte im Oltrarno-Viertel

Ein beliebter Treffpunkt in Oltrarno ist die **Piazza della Passera** ⓫. Bars und Restaurants laden je nach Tageszeit zu Kaffee, Essen oder Aperitif ein.

In der **Trattoria 4 Leoni** ⓬ sitzen die Florentiner gerne vor der Piazza und essen köstliche, mit Birnen gefüllte *fagottini* in Gorgonzola-Soße.

Eine edle Oltrarno-Adresse für Kaffeegourmets ist die neu eröffnete Kaffeebar **Ditta Artigianale Oltrarno** ⓭ des preisgekrönten Barista Francesco Sanapo. Hier gibt es selbst geröstete Kaffees und Hochprozentiges vom Feinsten. Sie möchten gerne draußen auf einer Piazza sitzen und einen *caffè* schlürfen oder ein Eis genießen? Das können Sie ein paar Schritte weiter im **Caffè Ricchi** ⓮.

Ein Lieblingslokal vor allem jüngerer Florentiner ist **Il Santo Bevitore** ⓯, wo eine gute Weinauswahl und schmackhaftes Essen geboten werden.

In der Weinstube **Il Vinaino di San Frediano** ❸ ist bis spät in die Nacht Betrieb, ebenso wie in der benachbarten **Libreria La Cité** ❹, zugleich Buchladen und Bar. Abends wird die Musik aufgedreht, wer will, tanzt vor den Regalen.

INFOS/ÖFFNUNGSZEITEN

Mercato Centrale ❻: Piazza del Mercato Centrale, www.mercatocentrale.it/en, Erdgeschoss Mo–Sa 7–14, Obergeschoss tgl. 10–24 Uhr
Calligraphy & Design Studio ❾: Via Maggio 50r, www.andcompanyshop.com, Di–Sa 10.30–13, 15–19 Uhr
Société Anonyme Deux ❿: Via Maggio 60r, www.societeanonyme.it, Mo 15.30–19.30, Di–Sa 10–14, 15.30–19.30 Uhr
Gioielli di Camilla ⓫: Sdrucciolo dei Pitti 7r, www.gioiellidicamilla.it, Di–Fr 11–19, Sa 13–19 Uhr
Trattoria 4 Leoni ⓬: Via de' Vellutini 1r, T 055 21 85 62, www.4leoni.it, tgl. 12–24 Uhr, Hauptgerichte 10–12 €
Ditta Artigianale Oltrarno ⓭: Via dello Sprone 5r, T 055 045 7163, www.dittaartigianale.it, T 055 274 15 41 Mo–Fr 8–24, Sa/So 9–24 Uhr
Caffè Ricchi ⓮: Piazza Santo Spirito 9r, T 055 28 08 30, www.ristorantericchi.com/caffericchi, tgl. außer Mo vormittags 7–1 Uhr
Il Santo Bevitore ⓯: Via Santo Spirito 64–66r, T 055 21 12 64, www.ilsantobevitore.com, Mo 19.30–23.30, Di–So 12.30–14.30, 19.30–23.30 Uhr, Hauptgerichte ab 10 €
Il Vinaino di San Frediano ❸: Borgo San Frediano 16r, T 335 659 5749, Mo–Sa 19–3, So 12–1 Uhr. Snacks ab 3 €
Libreria La Cité ❹: Borgo San Frediano 20r, T 055 21 03 87, www.lacitelibreria.info, Mo–Sa 9–2, So 15–2 Uhr

Faltplan: Karte 2, C 2 und A–B 5–6 | **Cityplan:** ▶ S. 18

Florenz und die nördliche Toscana ▶ Florenz (Firenze)

Versteckte Treffpunkte im Oltrarno-Viertel
⑪ – ⑮: ▶ S. 28

Stöbern & entdecken

Das elegante Florenz finden Sie im Zentrum zwischen Dom und Arno-Ufer, besonders rund um die **Piazza della Repubblica** (▶ S. 16) und an der **Via Tornabuoni** (▶ S. 17) mit ihren edlen Läden – schön auch um Leute zu gucken und italienischen Chic zu bewundern!

Lederschule
①: ▶ S. 17

Marktgeflüster
②, ③, ⑥, ⑬: ▶ Kasten unten rechts

Food made in Italy
Eataly ④
Auf Breitenwirkung und Export ausgerichteter kulinarischer Supermarkt mit Qualitätsprodukten aus ganz Italien: Pasta, Olivenöl, Soßen, Kaffee und vieles mehr. Dazu gibt es die notwendigen Küchenutensilien in schönem Design. Mit Imbiss und Gourmetlokal.
Via Martelli 24r, T 055 015 36 01, www.eataly.net, tgl.10–22.30, Bar/Bäckerei 7.30–22.30 Uhr

Biodynamischer Schick
Alta Rosa ⑤
Ein Frauenteam aus Stylistin, Schneiderin und Strickerin verkauft hier selbst kreierte und nachhaltig produzierte Kleidung. Mode- und umweltbewusste Kundinnen werden in Bio-Baumwolle und Hanf oder Vikunja *(vigogna)* und Yak gehüllt.
Via San Gallo 73r, www.altarosa.it, Mo–Fr 9.30–13.30, 14.30–19 Uhr, Sa 9.30–13.30

Keine Florentiner
⑦: Übrigens, ▶ S. 30

Beauty
⑧: ▶ S. 26

Lust auf Antikes und mehr?
Antiquitätengeschäfte gibt es in der Via de' Fossi und in der Via Maggio (z. B. das **Calligraphy & Design Studio** ⑨, ▶ S. 27).

Mode, Schmuck und mehr
⑩, ⑪: ▶ S. 27

Alles außer Mainstream
Twisted Jazz Shop ⑫
Nicht nur Jazzmusik finden Sie hier, auch Blues, World Music, Soundtracks. Der kleine Laden ist eine wahre Fundgrube für CDs und DVDs, mit vielen Raritäten. Eine kleine Vinylabteilung gibt es auch, ebenso Bücher und Partituren.
Borgo San Frediano 21r, T 055 28 20 11 Mo–Sa 9–19.30 Uhr

MARKTGEFLÜSTER

Lebensmittelmärkte
Handfesten Florentiner Alltag erleben Sie auf den Lebensmittelmärkten: dem **Mercato Centrale** ⑥ bei San Lorenzo (▶ S. 26, Mo–Sa 7–14 Uhr) und dem **Mercato di Sant'Ambrogio** ② auf der Piazza Ghiberti (Mo–Sa 7–14 Uhr).

Antiquitäten- und Flohmarkt
Ein **Mercantino delle Pulci** ③ findet auf der Piazza Pietro Annigoni (tgl. 9–19 Uhr) statt.

Kleider auf dem Wochenmarkt
Ein enormes Angebot an preisgünstiger Kleidung wird auf dem typisch italienischen **Mercato delle Cascine** ⑬ (Parco delle Cascine, am Arno-Ufer Höhe Ponte alla Vittoria, Tram ab Santa Maria Novella bis Caschine, Di 8–14 Uhr) dargeboten.

Wenn die Nacht beginnt

Ausgehen in grandioser Kulisse: Im Sommerhalbjahr spielt sich das florentinische Nachtleben großteils draußen auf den Plätzen ab. Hier wird bis in den frühen Morgen gelacht und diskutiert. Die Treffpunkte wechseln, gegenwärtig

Florenz und die nördliche Toscana ▶ Florenz (Firenze)

> **ÜBRIGENS**
>
> So kann man sich täuschen. Wer bei florentinischem Gebäck als erstes an Florentiner denkt, liegt falsch. Die kennt man hier nicht, auch nicht in Italien. Wahrscheinlich sind sie in Frankreich entstanden. Dafür finden Sie aber die leckeren, doppelt gebackenen *cantuccini*, ein Mandelgebäck, das ursprünglich aus dem nahen Prato stammt. In Florenz besonders lecker sind die von **Il Cantuccio di San Lorenzo** 7 (Via S. Antonino 23r, www.ilcantuccio disanlorenzo.it, Sept.–Juni Mo–Sa 8.30–19.30, So 9.30–18.30, Juli/ Aug. Mo–Sa 9–19.30 Uhr).

sind der Stadtteil um Sant'Ambrogio und der Stadtteil Oltrarno (**Il Vinaio di San Frediano** 3, **Libreria La Cité** 4, ▶ S. 28) beliebt. Nachtschwärmer finden viele Infos auf http://en.firenze notte.it.

Der Klassiker
Space Club 1
Die größte florentinische Disco boomt seit Jahrzehnten. Vorwiegend jüngeres Publikum, darunter viele Studenten. Aber auch Prominenz ist manchmal da, wie Ex-Bürgermeister Matteo Renzi.
Via Palazzuolo 37, www.facebook.com/spacefi renze2, tgl. 22–4 Uhr

Strandfeeling
Easy Living 2
Chillige Uferbar am Arno, tolle Lage, viel Betrieb. Der kleine Strand daneben gehört demselben Betreiber, einem Kulturverein.
Piazza Giuseppe Poggi (Flussseite), www.easyli vingfirenze.it, Juni–Sept. tgl. 10.00–1.30 Uhr

Musikclub
Tenax 5
Livekonzerte verschiedener Musikrichtungen, buntes Programm aktueller internationaler Gruppen. Liegt am Stadtrand, ist aber mit den Linienbussen 29, 30 und vergünstigten Tarifen des Funktaxi-Service (T 055 42 42) gut erreichbar.
Via Pratese 46, www.tenax.org, Fr 22–4, Sa 22.30–4.30 Uhr

Sport & Aktivitäten

Unabhängig per Rad
Florence by Bike 1
Der älteste Fahrradverleih von Florenz bietet einen zuverlässigen Service.
Via San Zanobi 54r, T 055 48 89 92, www. florencebybike.it, Mo–Fr 9–13, 15.30–19.30, Sa 9–19, So 9–17 Uhr, ab 5 €/Std.

Organisierte Radtouren
I Bike Italy
Straff durchorganisiert (s. Website) bietet das Team von I Bike Italy ein- oder zweitägige geführte Radtouren in Florenz und Umgebung an.
T 055 34 29 35, www.ibikeitaly.com, Stadttrip 30 €, Halbtagestour je nach Radtyp 80–110 €, Tagesausflug 95–125 €, 2-Tage-Tour 450–550 €, Studentenrabatt 10 %, Kinder 50 %

Stehend auf zwei Rollen unterwegs
Segway Firenze 2
Sie können an einer geführten Segway-Tour durch Florenz teilnehmen oder Segway, Fahrrad oder Vespa mieten.
Via Guelfa 1/Hr, T 055 28 56 00, www.segwayfi renze.it, Segway-Tour 75 € / 2 Std., Segway ab 19 €/Std., Fahrrad ab 5 €/Std., Vespa ab 40 €/3 Std.

INFO'S UND TERMINE

1 Infos
Contact Center Turistico: T 055 000, (auch deutsch- und englischsprachig), 24 Std. tgl.
Ufficio informazioni turistiche: Via Cavour 1r, T 055 29 08 32, www.firen zeturismo.it, Mo–Fr 9–18, Sa 9–14 Uhr; **Infopoint Stazione Centrale Firenze,** Piazza della Stazione 5, T 055 21 22 45, Mo–Sa 9–19, So, Fei 9–14 Uhr; **Infopoint Firenze Bigallo,** Piazza San Giovanni 1, T 055 28 84 96, Mo–Sa 9–19, So, Fei 9–14 Uhr; **Infopoint Aeroporto**

Amerigo Vespucci, Ankunftshalle des Flughafens, T 055 31 58 74

❶ Termine
Scoppio del Carro: Ostersonntag. Ein mit Feuerwerkskörpern verzierter hölzerner Wagen steht auf dem Domplatz, ein Zünder in Taubenform schießt am Ende der Messe aus dem Dom auf den *carro* zu und lässt ihn knallen.
Calcio Storico: Juni, Finale letzter So im Juni (www.calciostoricofiorentino.it. Beim Turnier des historischen Fußballs in traditionellen Kostümen auf der Piazza Santa Croce geht es brutal zu – Schlägereien gehören zum Programm.

❶ Verkehr
Bus und Zug: Busse nach Siena, San Gimignano, Volterra und ins Chianti-Gebiet fahren vom Busbahnhof der Firma Busitalia – Sita Nord beim Hauptbahnhof (Autostazione Sita Nord, Eingang Via Caterina da Siena, www.fsbusitalia.it). Gute **Zugverbindungen** n allen größeren Städte der Toscana bestehen ab **Florenz Hbf** (Stazione Ferroviaria Santa Maria Novella, Piazza Santa Maria Novella).

Fiesole E 4

Wer vom Trubel in Florenz genug hatte, ist schon immer gerne ins idyllische Fiesole aufgebrochen. Heute röhrt der Bus Nr. 7 die von Villen gesäumte Via Giuseppe Martellini hinauf – die Etrusker hatten die Siedlung nach alter Gewohnheit auf dem Berg gegründet. Wachsen konnte sie daher wenig. Dafür hat sie ihren landschaftlichen Charme bewahrt. Seit der Antike haben hier Bewohner vieler Epochen ihre Spuren hinterlassen.

....
WAS TUN IN FIESOLE?
....

2000 Jahre erleben
Blickfang der Piazza Mino da Fiesole ist der Dom **San Romolo** (7.30–12, 15–17 Uhr). Seine einfachen Formen sind

Sie trinken zwar keinen Vinsanto, aber vielleicht einen Chianti – in der Via di Santo Spirito.

stark romanisch geprägt. Kleine Fenster, dicke Mauern: Kirchen sollten damals eher beschützen als leuchten. Mystisch wirkt die **Krypta** aus dem 11. Jh. Hinter dem Dom liegt der Eingang zur **Area Archeologica** (Via Portigiani 1, April–Sept. tgl. 9–19, März, Okt. tgl. 10–18, Nov.–Febr. Mi–Mo 10–15 Uhr, 10 € inkl. Museum). Zwischen Zypressen und Ölbäumen sieht es hier aus wie auf einem Gemälde der Romantik: Steinbänke eines römischen Theaters, verfallene Thermen und etruskische Mauern rahmen malerisch den Ausblick in Richtung Apenninen. Das **Museum** überrascht mit einer großartigen Sammlung griechischer Vasen.
Gegenüber der Domfassade führt die Via San Francesco steil hinauf zum **Franziskanerkloster** (Mo–Sa 9–12, 15–18, So, Fei 9–11, 15–18 Uhr) auf der Hügelkuppe. Vor dem Klostereingang eröffnet sich eins der schönsten Florenz-Panoramen.

Zum Monte Ceceri spazieren
Grandiose Ausblicke auf Florenz, historische Steinbrüche und Erinnerungen an

Florenz und die nördliche Toscana ▶ Prato

Hermann Hesse, der 1901 zum ersten Mal den Ort besuchte, liebte Fiesole. Er schätzte die Ruhe, die reine Luft, die Stimmung. Und jedesmal, so notierte er, entdecke er etwas Reizvolles, ob in der Landschaft, in den Gassen oder im Franziskanerkloster.

Leonardo da Vinci: Ein besonders schöner Spaziergang führt von Fiesole zum Monte Ceceri (ca. 1 Std. inkl. Rückweg). In der Südecke der Piazza Mino da Fiesole folgen Sie dem Wegweiser *passegiata panoramica*, danach der Via Monte Ceceri. Rechts liegt einem Florenz zu Füßen. Die anschließende Via degli Scalpellini führt an einer Mauer entlang in den Wald. Dort halten Sie sich zweimal links und folgen dann dem Hauptweg, der zu **stillgelegten Steinbrüchen** führt: Hier wurde der graue Sandstein, die *pietra serena*, abgebaut, aus der zahlreiche Kunstwerke in Florenz entstanden. Schließlich erreichen Sie die kleine Lichtung auf dem Gipfelplateau (414 m). Heute verstellen – leider – Bäume die Sicht ins Tal, aber das war früher offenbar anders. Ein Gedenkstein erinnert jedenfalls daran, dass Leonardo da Vinci 1505 an dieser Stelle mit einer seiner verrückt-visionären Flugmaschinen experimentierte. Sein Assistent Tommaso Masini brach sich dabei als Versuchsperson einige Knochen.

🏠 Aussichtsreich
Villa Bonelli
Ruhiges, angenehmes Haus in schöner Lage, blumengeschmückte Terrasse, Panorama.
Via F. Poeti 1, T 055 595 13, www.hotelvillabonelli.com, DZ/ÜF 80–100 € je nach Saison

ℹ️ Infos
Touristeninformation: Via Portigiani 3, T 055 596 13 11, info.turismo@comune.fiesole.fi.it.

Bus: Zwischen Florenz (Piazza San Marco) und Fiesole (Piazza Mino da Fiesole) verkehrt der Florenzer Stadtbus Nr. 7. Die Fahrtzeit beträgt ca. 20 Min.

Prato 🗺 D 4

Pratos Reize, das sind die Stauferburg, der Dom und die schicken Bars in der Altstadt. Geben Sie Prato eine Chance, Sie werden positiv überrascht sein. Warum wir das schreiben? Wenn Sie sich der Stadt nähern, wird Ihr erster Eindruck zunächst von der ausufernden industriellen Peripherie bestimmt. Mit 190 000 Einwohnern ist Prato die zweitgrößte Stadt der Toscana und seit Jahrhunderten liegt hier ein bedeutendes Zentrum der Textilindustrie, deren Reichtum auch stets die Kultur förderte. Anzumerken ist allerdings, dass heute viele Betriebe in der Hand chinesischer Hersteller sind, die als Investoren angelockt wurden.

WAS TUN IN PRATO?

Durch die Altstadt spazieren
Über die riesige **Piazza Mercatale** gelangen Sie ins Zentrum. Wo heute Autos parken, war im Mittelalter der *prato*, die Wiese, die als Marktgelände diente. Die verkehrsberuhigte **Via Garibaldi** führt zum Dom **Santo Stefano** (Mo–Sa 7.30–19, So, Fei 13–19 Uhr, Chorraum 3 €) aus dem 13.–15. Jh. Für sein Streifenmuster wurde grünes Serpentinit-Gestein aus dem nahen Apennin verwendet. Die elegante **Außenkanzel** ist ein Meisterwerk der Renaissancekünstler Donatello und Michelozzo aus Florenz. Sie dient der Präsentation einer besonderen Reliquie, des **Sacro Cingolo**, des heiligen Gürtels Marias, dem im Dom eine Kapelle gewidmet ist. Den **Chor** hat der Renaissancemaler Filippo Lippi ausgemalt. Er schilderte das Leben Johannes des Täufers und des hl. Stephanus. Am mittelalterlichen Gerichtspalast

Palazzo Pretorio vorbei kommen Sie in die **Via Ricasoli**. Hier entstand im 19. Jh. das Rezept für die berühmten *cantuccini*: in der bis heute existierenden **Bäckerei Antonio Mattei** (Di–Fr 8–19.30, Sa 8–13, 15.30–19.30, So 8–13 Uhr). Um die Ecke erscheint der imposante **Castello dell'Imperatore** des Stauferkaisers Friedrich II. Drei Jahre vor dessen Tod 1250 wurde der erste Stein gesetzt, fertig wurde der in Mittelitalien einzigartige Bau nie.
Übers Eck links rahmt die Wallfahrtskirche **Santa Maria delle Carceri** den gleichnamigen Platz. Der Renaissancearchitekt Giuliano da Sangallo baute sie als Behausung für ein wundertätiges Marienbild. Im stylischen Weinbistro **Il Decanter** (Piazza delle Carceri 1–2, T 0574 47 54 76, http://decanteristorante.it, tgl. 12–15, 19–24 Uhr) gegenüber können Sie entspannt das Panorama von Burg und Kirche auf sich wirken lassen.

MUSEEN, DIE LOHNEN

Stoff zum Anfassen
Museo del Tessuto
Eine ausgediente Textilfabrik bildet passenderweise den Rahmen für das städtische Textilmuseum. Schön präsentiert wird hier die Stoffproduktion in Prato vom Mittelalter bis ins 20 Jh. Der technische Aspekt steht im Vordergrund, aber auch der Tastsinn wird angesprochen: Viele Materialien dürfen Sie berühren.
Via Puccetti 3, T 0574 61 15 03, www.museo deltessuto.it, Di–Do 10–15, Fr/Sa 10–19, So 15–19 Uhr, 7 €

Kunst unserer Zeit
Centro d'arte contemporanea Luigi Pecci
Ein Museum als Hommage an den früh verstorbenen Sohn! Dieser Plan bewegte den Textilfabrikanten Enrico Pecci in den 1980er-Jahren zur Gründung dieses Kunstzentrums. Es ist heute das bedeutendste Museum für zeitgenössische Kunst in der Toscana. In spektakulärer Architektur werden spannende Ausstellungen zu zeitrelevanten Themen gezeigt.
Viale della Repubblica 277, www.centropecci.it, Di–So 11–23 Uhr, 10 €

SCHLEMMEN & SCHLAFEN

⌂ Dem Kaiser gegenüber
Buonanotte Barbarossa
Hinter der hohen Mauer dieses B & Bs verbirgt sich erst einmal – der Garten! Und das mitten im Zentrum gegenüber dem Stauferkastell. Hier wird bei schönem Wetter Frühstück serviert. Schlafen können Sie in vier gepflegten Doppelzimmern.
Piazza delle Carceri 1, T 335 45 30 082, www. buonanottebarbarossa.it, DZ/ÜF 100–120 €

Prato eine Industriestadt? Nicht nur. Im Stadtzentrum kann es besonders abends richtig romantisch werden.

Florenz und die nördliche Toscana ▸ Pistoia

Vom Ruf her sind die Prateser die Schwaben der Toscana, emsig und knauserig. **Trinkgeld** zu geben ist in dieser Stadt nicht üblich. Also keine Sorge, wenn Sie mal keine Münzen zur Hand haben.

🍴 Unter Einheimischen
I Francescaioli
In dem sympathischen Lokal neben der Franziskanerkirche wird gekocht wie im italienischen Haushalt: Nudeln in Tomatensoße und Hühnchenrouladen. Eine große Auswahl an Bieren ziert die Getränkekarte. Mittags sollten Sie früh kommen, bevor die Honoratioren der Stadt einfallen.
Piazza San Francesco 8, T 0574 60 74 99, www.ifrancescaioli.it, tgl. 12–15, 19–24 Uhr, Pasta um 7 €, Hauptgänge um 10 €

ℹ️ Infos
Ufficio Informazioni Turistiche: Piazza Buonamici 7, T 0574 24 112, www.pratoturismo.it Mo–Fr 9–13, 15–18, Sa 10–13, 15–18, So, Fei 10–13 Uhr

ℹ️ Verkehr
Bus: ins Umland und nach Florenz mit Cap Autolinee (www.capautolinee.it), Abfahrt an der Piazza Stazione Centrale.
Zug: günstige Zuganbindung des Bahnhofs Prato Centrale an Florenz, Pistoia, Lucca und Viareggio

Pistoia 🗺 D 4

Die höchsten Apenninenketten Norditaliens bilden eine beeindruckende Kulisse für Pistoia. Die alte Dom- und Pilgerstadt liegt in einer fruchtbaren Ebene und steht etwas zu Unrecht im Schatten der bekannteren Nachbarn. Das historische Zentrum überrascht mit seinem lebendigen Marktviertel und hat viele Kunstschätze zu bieten. Die Baumschulen im Umland sind über Europa hinaus ein bedeutendes Zentrum der Pflanzenzucht.

WAS TUN IN PISTOIA?

Schöne Plätze und Kirchen besuchen
Das alte Hospiz, der **Ospedale del Ceppo** (Piazza Giovanni XXIII), war im Mittelalter erste Anlaufstelle vieler Reisender, die über die Apenninen kamen. Die Vorhalle aus der Renaissance schmückt ein Terrakottafries in strahlend bunter Glasierung. Er wurde ab 1525 von Santi Buglioni aus Florenz gestaltet und zeigt die sieben Werke der Barmherzigkeit. Aus dem 12. Jh. stammt die hübsche Fassade der Kirche **Sant'Andrea** (Via Sant'Andrea, tgl. 8.30–18.30 Uhr, Eintritt frei). Im Inneren hat Giovanni Pisano um 1300 eine Kanzel geschaffen, deren Reliefbilder fast modern expressiv die Jesusgeschichte erzählen.
An der großzügigen **Piazza del Duomo** setzen sich die wichtigsten Gebäude der Stadt in Szene. Der **Palazzo del Comune** ist das alte Rathaus aus dem 14. Jh., der **Palazzo Pretorio** aus derselben Zeit war der mittelalterliche Gerichtspalast. Am dominantesten wirkt jedoch der Dom **San Zeno** (tgl. 8.30–12.30, 15–19 Uhr, Eintritt frei, Schreinkapelle 2,50 €, Kasse im Baptisterium gegenüber) aus dem 12.–16. Jh. mit seinem elegant verzierten Glockenturm. 1145 wurde Bischof Atto eine Reliquie des Apostels Jakobus aus Santiago de Compostela geschenkt. Was so ein Knöchelchen ausmacht: Im Dom wurde rechts eine **Kapelle** eingerichtet, in der zahlreiche Künstler zwischen 1287 und 1456 einen Silberaltar als **Reliquienschrein** schufen – unter ihnen Filippo Brunelleschi, der Architekt der Florentiner Domkuppel. 628 Figuren beleben die 33 biblischen Szenen des Schreines. Das achteckige **Baptisterium** (13. Jh.) schließt den Domplatz ab. Dahinter beginnt das malerische Marktviertel, dessen Zentrum die **Piazza della Sala** bildet. Viele Lokale locken dort zur Erholungspause.

MUSEEN, DIE LOHNEN

Pistoias Weltkünstler
Museo Marino Marini
Ein wunderbarer Kunstschatz ist der Nachlass des 1980 gestorbenen Bildhauers und Malers Marino Marini im ehemaligen Antoniuskloster seiner Heimatstadt. Der Vertraute Wassily Kandinskys und Pablo Picassos zeigt sich hier in seiner ganzen Vielseitigkeit: Neben den bekannteren Reiterskulpturen begeistern ausdrucksstarke Grafiken und farbenfrohe Gemälde.

Corso Silvano Fedi 30, T 0573 302 85, www.fondazionemarinomarini.it, Museum: April–Sept. Di–Sa 10–18, So 14.30–19, Okt.–März Di–Sa 10–17, So 14.30–19 Uhr, Kirche: Mo–Sa 8.30–13.30 Uhr, Eintritt für beide 3,50 €

SCHLEMMEN, SHOPPEN, SCHLAFEN

🛏 Stille im ehemaligen Kloster
Antico Convento Park Hotel et Bellevue
Stimmungsvolles Wohnen in einem früheren Kloster, Garten mit Traumblick auf die Stadt, großes Schwimmbad, völlige Ruhe. Zugegeben, die Zimmer – ehemalige Klosterzellen – sind relativ klein.

Via San Quirico 33, Pontenuovo, 5 km östlich des Zentrums, T 0573 45 26 51, www.hotelconvento.it, DZ/HP 80–180 € (auf Sonderangebote im Internet achten!)

🍴 Zum Wohlfühlen
La BotteGaia
Das charmante Lokal im Marktviertel ist Weinstube und Restaurant, mit überdachten Tischen im Freien. Die Speisekarte wechselt häufig, der Koch richtet sich nach dem saisonalen Angebot und schöpft aus dem Fundus des angegliederten Lebensmittelgeschäfts um die Ecke.

Via del Lastrone 17, T 0573 36 56 02, www.labottegaia.it, Di–So 12–15, 19–23 Uhr, Menü um 25 €

🛍 Marktbummel
Samstags ist großer **Wochenmarkt** auf den Straßen und Plätzen des historischen Zentrums. Am zweiten Wochenende im Monat findet ein **Antiquitätenmarkt** auf dem ehemaligen Fabrikgelände Stabilimento Breda (Viale Pacinotti) statt.

Über den Dächern von Pistoia …

ℹ Infos
Info Point Pistoia: Piazza del Duomo 4, T 0573 21 622, www.turismo.pistoia.it, tgl. 9–13, 15–18 Uhr

ℹ Termine
Pistoia Blues Festival: Ende Juni bis Mitte Juli, www.pistoiablues.com. Bei den Spitzenkonzerten auf dem Domplatz sind von B. B. King bis Johnny Winter schon alle Bluesgrößen aufgetreten, daneben spielen auch unbekanntere Gruppen.

ℹ Verkehr
Zug: gute Verbindungen nach Prato, Florenz, Lucca und Viareggio

Lucca   B 4

Doppelt umringt von Gebirgszügen und Stadtmauer liegt Lucca in einer üppigen Gartenlandschaft. Die verkehrsberuhigte Altstadt besitzt ein unwiderstehliches Flair, alte Bausubstanz bildet den noblen Rahmen für eine hohe Lebensqualität. Stolzer Kaufmannsgeist beherrscht die

Florenz und die nördliche Toscana ▶ Lucca

Stadt seit Jahrhunderten. Stilvolle Geschäfte, herausgeputzte Straßen und Grünflächen – an jeder Ecke ist zu spüren: Luccas Bürger sind die reichsten der Toscana. Eine Besonderheit ist die Stadt auch in politischer Hinsicht: In der sonst eher ›roten‹ Region bildet sie eine konservative Insel.

WAS TUN IN LUCCA?

Von Platz zu Platz ziehen

Es ist leicht, sich im Straßenraster von Lucca zu verlieren. Orientierung bieten die markanten Plätze. Die **Piazza Napoleone** hat Napoleons Schwester Elisa Baciocchi angelegt, mit Platanen auf drei Seiten. Die vierte Seite nimmt der stattliche Regierungspalast, der **Palazzo della Provincia** 1 (auch: Palazzo Ducale) ein, in dem Elisa ein paar Jahre residierte.

Das antike Forum lag auf der **Piazza San Michele**, deren architektonischen Akzent die Kirche **San Michele in Foro** 2 (Winterzeit tgl. 8.30–10.30, 15–17, Standardzeit tgl. 7.40–12, 15–18 Uhr, Eintritt frei) bildet. Als man sie um 1100 baute, übernahm man die neuesten Erfindungen vom Pisaner Dom, vor allem die wunderschönen Säulchen-Galerien der Fassade.

Auf der benachbarten **Piazza Cittadella** sitzt der Maestro der Oper, Giacomo Puccini, in Bronze gegossen vor seinem Geburtshaus. Es ist zum **Puccini Museum** 3 geworden (Corte San Lorenzo 9, Eingang Piazza Citadella 34, T 0583 58 40 28, www.puccinimuseum.org, März–April, Okt. tgl. 10–18, Mai–Sept. tgl. 10–19, Nov.–Febr. Mi–So 10–13, 15–17 Uhr, 7 €, Kasse/Bookshop: Piazza Cittadella 5).

An der **Piazza San Martino** liegt der **Dom** 4 (www.museocattedralelucca.it, April–Okt. Mo–Fr 9.30–18, Sa 9.30–18.45, So 12–18, Nov.–März Mo–Fr 9.30–17, Sa 9.30–18.45, So 12–18 Uhr, T 0583 49 05 30, 3 €), die Cattedrale di San Martino. Der reiche Fassadenschmuck aus Säulchen, Marmormosaiken und Reliefs stammt aus dem 12. Jh. Im Inneren der Kathedrale wird der Volto Santo aufbewahrt. Das ›hl. Antlitz‹, ein hölzernes Kruzifix, dass Jesus als Triumphator zeigt. Da der Volto Santo zudem Teile des Kreuzstamms, der Dornenkrone und des Gewandes Jesu birgt, ist er Luccas wichtigste Reliquie.

Auf dem Weg zur Piazza dell'Anfiteatro können Sie Ihren Weg so wählen, dass er Sie an der **Torre Guinigi** 5 (Via Sant'Andrea 45, T 0583 48 090, www.lemuradilucca.it/torri/torre-guinigi, Nov.–Febr. tgl. 9.30–16.30, März, Okt. tgl. 9.30–17.30, April/Mai tgl. 9.30–18.30, Juni–Sept. tgl. 9.30–19.30 Uhr, 4 €) vorbeiführt. Kein Kirchturm, sondern der der einzig erhaltene Geschlechterturm Luccas. Seit dem Mittelalter spenden auf seiner Dachterrasse Steineichen Schatten. Genießen Sie den Ausblick von oben – nach 230 Treppenstufen.

Ein Stück weiter nördlich liegt die **Piazza dell'Anfiteatro** 6, der kurioseste Platz von allen. Das Oval der **römischen Arena** ist erhalten, die Ränge sind aber mit Häusern überbaut. Es herrscht eine entspanntere Stimmung als zu Römerzeiten, heute kämpfen unter den Sonnenschirmen der vielen Restaurants nur noch Hungrige mit Gabeln gegen die Spaghetti.

Eine Runde auf der Stadtmauer drehen

Ein einzigartiger Grüngürtel! Rund 100 Jahre wurde an Luccas Verteidigungswall, der **Mura di Lucca** 7 (www.lemuradilucca.it), gebaut. Als sie 1650 fertig war, hatten die feindlichen Medici aus Florenz das Interesse an einer Eroberung der Stadt verloren. Vor 180 Jahren hatte dann ein Herzog die geniale Idee, die Wehranlage zum grünen Freizeitpark umzugestalten. Platanen wurden gepflanzt, neue Zugänge angelegt, Wachhäuser in Cafés verwandelt. Auf der Südflanke der Stadtmauer lädt der **Ristorante Caffetteria San Colombano** ❶ zu einem Drink ein.

Von hier aus steigen Sie auf die Stadtmauer und können dann in 10 m Höhe mit Blick auf die Berge oder die

Florenz und die nördliche Toscana ▶ Lucca

Sie hören den Namen, dann ist ein wenig Vorstellungskraft gefragt: Häuser stehen dort, wo sich einst die Ränge des Amphitheaters befanden – auf der Piazza dell' Anfiteatro.

Dächer der Altstadt flanieren. Gehen Sie entgegen des Uhrzeigersinns, folgt der zinnenbekrönte **Glockenturm des Doms** 4. Kurz danach schauen Sie in den **Orto Botanico** 8 (Via del Giardino Botanico 14, www.lemuradilucca.it/orto-botanico, Jan.–März, Anf. Nov.–Dez. nur n. V. Mo–Fr 9.30–12.30, Mitte März–April, Okt./Anf. Nov. tgl. 10–17, Mai–Juni tgl. 10–18, Juli–Sept. tgl. 10–19 Uhr, 4 €), den Botanischen Garten, hinunter. Dahinter öffnet sich ein ›Panorama mit Begrünung‹: Aus den Altstadthäusern ragt die **Torre Guinigi** 5 auf. Auf der Nordseite scheint der **Kirchturm von San Frediano** 9 auf der gleichnamigen Piazza ein Zwillingsbruder des Domturms zu sein. Wenige Meter weiter liegt unser Lieblingsmotiv, der **Barockgarten** und die elegante Hoffassade des **Palazzo Pfanner** 10 (Via degli Asili 33, www.palazzopfanner.it, April–Nov. tgl. 10–18 Uhr, Haus/Garten 6 €, nur Haus / nur Garten je 4,50 €, unter 12 Jahren Eintritt frei). Der Name klingt nicht nur, sondern ist auch deutsch: Eine bayerische Familie kaufte den Palazzo im 19. Jh. und betrieb darin den ersten Biergarten der Toscana. Haben Sie die ganze Runde geschafft? Dann haben Sie 4,2 km hinter sich – und vielleicht Lust auf den nächsten Drink.

SCHLEMMEN, SHOPPEN, SCHLAFEN

In fremden Betten

Breites Spektrum
La Torre 1
Unterschiedliche Zimmer in drei zentralen Häusern, vom einfachen Raum ohne Bad bis zur Suite im historischen Palazzo.
Piazza del Carmine 11, T 0583 95 70 44, www.roomslatorre.com, DZ/ÜF 50/80 € (ohne/mit Bad)

Historischer Palazzo
San Martino 2
Familienbetrieb mit stilsicher in hellen Farbtönen eingerichteten Zimmern, angenehmer Atmosphäre und freundlichem Empfang. Bei gutem Wetter können Sie auf der ruhigen Piazza vor dem Haus frühstücken.
Vicolo della Dogana 9, T 0583 46 91 81, www.albergosanmartino.it, DZ 95–130 € je nach Buchungslage

LUCCA

Sehenswert
1. Palazzo della Provinicia / Piazza Napoleone
2. San Michele in Foro / Piazza San Michele
3. Puccini Museum / Piazza Citadella
4. Dom / Piazza San Martino
5. Torre Guinigi
6. Piazza dell'Anfiteatro
7. Mura di Lucca
8. Orto Botanico
9. San Frediano
10. Barockgarten und Palazzo Pfanner

In fremden Betten
1. La Torre
2. San Martino
3. La Luna

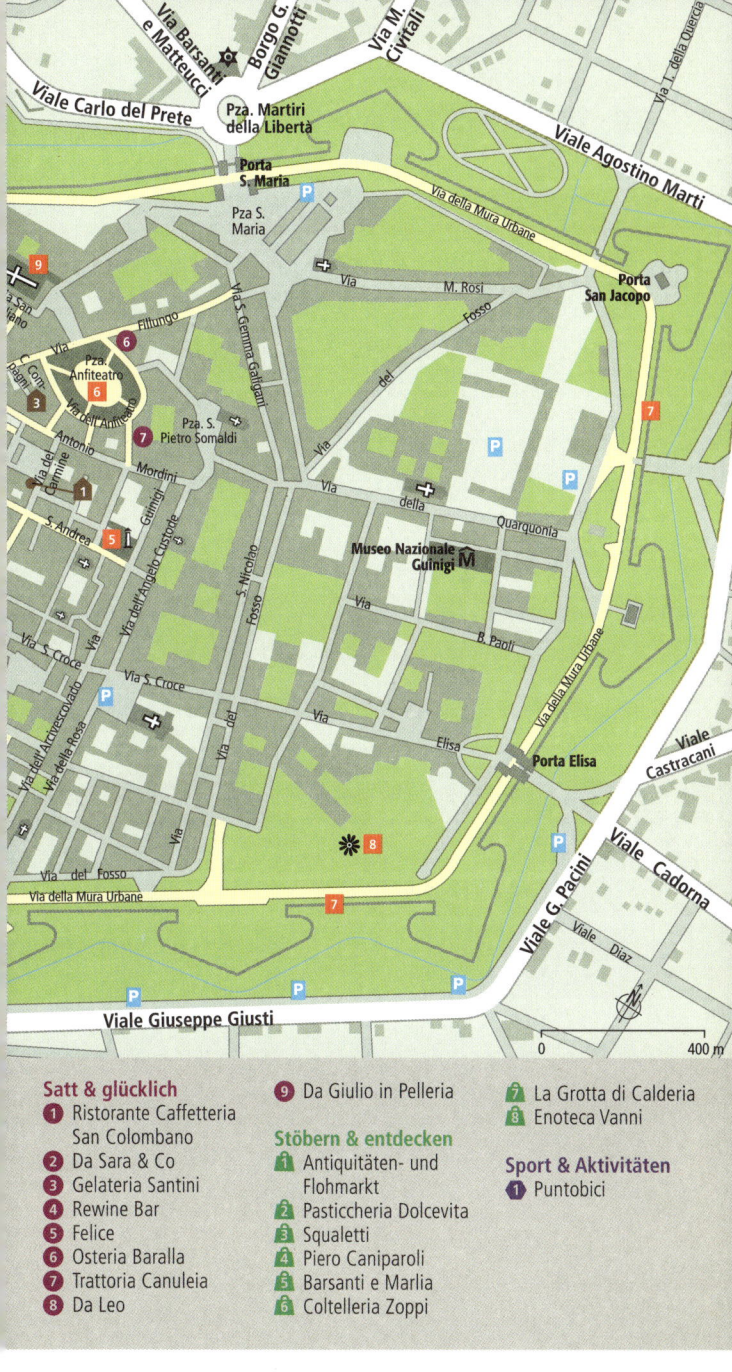

Satt & glücklich
1. Ristorante Caffetteria San Colombano
2. Da Sara & Co
3. Gelateria Santini
4. Rewine Bar
5. Felice
6. Osteria Baralla
7. Trattoria Canuleia
8. Da Leo
9. Da Giulio in Pelleria

Stöbern & entdecken
1. Antiquitäten- und Flohmarkt
2. Pasticcheria Dolcevita
3. Squaletti
4. Piero Caniparoli
5. Barsanti e Marlia
6. Coltelleria Zoppi
7. La Grotta di Calderia
8. Enoteca Vanni

Sport & Aktivitäten
1. Puntobici

Schaufensterbummel mit Genuss – **einkaufen in Lucca**

 # 3

Lucca ist das ideale Pflaster für eine entspannte Einkaufstour. Wohl nirgendwo sonst in der Toscana gibt es so viele traditionelle Läden mit persönlichem Stil auf engem Raum. Die Altstadtgassen sind immer belebt, trotzdem geht es eher ruhig zu – der Autoverkehr bleibt nämlich konsequent ausgesperrt.

Ü ÜBRIGENS

Ein bekannter Witz geht so: Als Kolumbus den Strand der Neuen Welt betrat, kam ihm schon ein Lucchesser entgegen – er wollte Heiligenstatuetten verkaufen. So machen sich viele Toscaner über den ausgeprägten Luccheser Geschäftssinn lustig.

Der Spaziergang beginnt süß und lecker: In der **Via San Paolino**, die vom Piazzale Verdi ins Zentrum führt, verkauft die **Pasticceria Dolcevita** köstliche Kuchen wie den traditionellen Hefezopf *(bucellato)*, aber auch Eigenkreationen wie die Dinkel-Schokoladen-Torte *(torta al farro e cioccolato)*. Ein paar Häuser weiter setzen Angelo und Alessandro **Squaletti** die jahrhundertealte Tradition der Luccheser Stoffherstellung fort. Hier gibt es edle Brokat-, Seiden- und Damaststoffe für Sofa-, Bett- und Kissenbezüge, Vorhänge und noble Abendkleider. Hervorragende Pralinen mit Pistazien, Nougat, Mandeln, Orangen und Nüssen bietet **Piero Caniparoli** an. Handfest geht es bei **Barsanti e Marlia** zu. Die Eisenwarenhandlung verkauft u. a. ungewöhnliche Werkzeuge und Behälter aller Art: Kupferteller zum Pizzabacken, Spaghetti-Dosierer, Raviolihölzer, Mörser fürs Pesto, Austernmesser, Trüffelschneider und Messgeräte für Zucker- und Alkoholgehalt. Einen ersten Espresso können Sie in der Bar und Konditorei **Da Sara & Co** ❷ bestellen.

Kurz danach finden Sie auf der Piazza Cittadella nicht nur **Denkmal und Museum für Giacomo Puccini** ❸ (▶ S. 36), den großen Sohn der Stadt, sondern auch das ausgezeichnete Eis der **Gelateria Santini** ❸.

Treffpunkt Piazza San Michele

Die Piazza San Michele ist ein Mittelpunkt des städtischen Lebens. Von hier aus biegen Sie – aus der Via San Paolino kommend – nach links in die

Süße Verführungen verlocken auch in Lucca immer wieder zu kleinen kulinarischen Pausen.

Einkaufen in Lucca #3

Shoppingbegleitung mal anders, obwohl Begleitung …? Noch wartet der Hund geduldig.

Via Calderia. Gleich linker Hand bietet die **Coltelleria Zoppi** 6, ein vielfältigen Angebot an Messern und Scheren aller Art. Gegenüber liegt die für Lucca ungewöhnlich trendige **Rewine Bar** 4. Hier können Sie sich ein Glas Wein genehmigen und sich mit *panini* oder anderen kleinen Gerichten stärken. Das Lebensmittelgeschäft **La Grotta di Calderia** 7 verkauft seine Delikatessen seit 1865: u. a. Schinken, Käse, Öl und den exquisiten weißen Colonnata-Speck aus den nahen Apuanischen Alpen (▶ S. 52). Gehobene Qualität und sehr gehobene Preise! Beste Qualität finden Sie auch in der **Enoteca Vanni** 8. Paolo Petroni verkauft hier Spitzenweine aus ganz Italien.

Gestärkt in die Haupteinkaufsstraße

Das **Felice** 5 in der Via Buia ist ein sympathischer, immer belebter Schnellimbiss all'italiana. Auf Barhockern oder auf der Gasse verzehren die Lucceser hier Pizza oder ofenfrische Kichererbsenfladen *(cecina)*. Ein paar Schritte weiter beginnt die **Via Fillungo**, die Hauptgeschäftsstraße der Altstadt. Hier ist fast alles zu finden: Kleidung, Schuhe, Bücher, Schmuck – ein hübscher Laden neben dem anderen.

Faltplan: B 4 | **Cityplan:** S. 38

INFOS/ÖFFNUNGSZEITEN

Pasticceria Dolcevita 1: Via San Paolino 93, tgl. 8–19 Uhr
Squaletti 3: Via San Paolino 89, Mo–Sa 9–13, 15.30–19.30 Uhr (Voranmeldung ratsam, Inhaber oft unterwegs)
Piero Caniparoli 4: Via San Paolino 96, tgl. 9.30–13, 15.30–19.30 Uhr, Juli/Aug. geschl.
Barsanti e Marlia 5: Via San Paolino 88, Mo–Sa 8.30–13, 15–19.30 Uhr
Coltelleria Zoppi 6: Via Calderia 9, www.coltelleriazoppi.com, Mo–Sa 9–13, 16–19.30 Uhr
La Grotta di Calderia 7: Via Calderia 18, www.alimentarilagrotta.com, Fr–Mi 8–20 Uhr
Enoteca Vanni 8: Piazza San Salvatore 7, www.enotecavanni.com, Mo–Sa 10–13, 16–19.30 Uhr
Da Sara & Co 2: Via S. Paolino 38, www.facebook.com/DaSaraeCo, Mi–Mo 7.30–19.30, Juni–Aug., Sa nur bis 13.30 Uhr
Gelateria Santini 3: Piazza Cittadella 1, tgl. 9–23.30 Uhr
Rewine Bar 4: Via Calderia 6, Mo–Sa
Felice 5: Via Buia 12, Mo–Sa 10–20.30 Uhr. Imbisspreise

Florenz und die nördliche Toscana ▶ Lucca

Denken Sie daran, in der Toscana gibt es auch köstliche Weißweine.

Freskenschmuck
La Luna ❸
Gutes Mittelklassehotel in der Altstadt, besonders schön sind die mit Fresken geschmückten großen Zimmer im zweiten Stock.
Corte Compagni 12, T 0583 49 36 34, www.hotellaluna.com, DZ/ÜF 110 €

....

🍴 Satt & glücklich

Stärkung auf der Stadtmauer
Ristorante Caffeteria San Colombano ❶
Das originell gestylte Lokal bietet für alle Gelegenheiten etwas: im Inneren Gerichte (zu gehobenen Preisen), Sandwiches oder einfach nur Drinks, die man auch draußen genießen kann.
Rampa Baluardo San Colombano 6, T 0583 46 46 41, tgl. 9–1 Uhr

Schaufensterbummel mit Genuss
❷ – ❺: ▶ S. 40

Spezialitäten unterm Gewölbe
Osteria Baralla ❻
Die Wirte der *osteria* servieren im historischen Backsteingewölbe leckere Spezialitäten wie Tagliatelle mit Hasenfleisch, Steinpilzrisotto, Tintenfisch in Mangoldgemüse oder Kaninchen mit Oliven.

Via Anfiteatro 5, T 0583 44 02 40, www.osteriabaralla.it, Mo–Sa 12.30–14.20, 19–22.20 Uhr, Pasta 9–12 €, Hauptgerichte 12–18 €

Versteckter Garten
Trattoria Canuleia ❼
Liebevoll geführtes Lokal mit freundlichem Service. Die Speisekarte ist nicht allzu lang, sondern bietet eine gute Auswahl leckerer Gerichte. Die Innenräume sind klein und intim, die schönsten Plätze finden sich im rückseitigen Garten, in entspannter Atmosphäre.
Via Canuleia 14, T 0583 46 74 70, www.canuleiatrattoria.it, Di–So 12.30–14, 19.30–22 Uhr, Pasta um 8 €

Trattoria familiare
Da Leo ❽
Seit 35 Jahren verwöhnt Familie Buralli ihre Gäste mit typischen Speisen aus der Lucchester Tradition, z. B. Dinkelsuppe *(zuppa di farro)*. Das reichhaltige Menü wechselt häufig und umfasst viele andere toscanische Gerichte. Alles wird frisch zubereitet. Die Portionen sind groß, bei günstigen Preisen.
Via Tegrimi 1, T 0583 49 22 36, www.trattoriadaleo.it, tgl. 12–15, 19.30–22.30 Uhr, Menü 20–25 €

Große Säle, großer Andrang
Da Giulio in Pelleria ❾
Auch Marcello Mastroianni war hier zufrieden und hat, wie viele andere Prominente, ein Autogrammfoto hinterlassen. Das große Lokal (fast 250 Plätze!) bietet gute Hausmannskost zu milden Preisen.
Via delle Conce 45, T 0583 55 948, Mo–Sa 12–14.30, 18.30–22.30 Uhr, Menü um 25 €

....

Stöbern & entdecken

Jedes dritte Wochenende im Monat findet auf dem Domplatz (Piazza San Martino) und in den angrenzenden Gassen ein großer **Antiquitäten- und Flohmarkt** ❶ statt – einer der schönsten Trödelmärkte der Toscana.

Schaufensterbummel mit Genuss
❷ – ❽: ▶ S. 40

Sport & Aktivitäten

Die verkehrsberuhigte Innenstadt und ein gut ausgebautes Radwegenetz machen Lucca zu einer **Fahrradstadt.** Der Stadtmauerwall und der Damm des nahen Serchio-Flusses eignen sich ideal für Spazierfahrten. Es gibt zahlreiche Fahrradverleiher, z. B.: **Puntobici** ❶ (Via del Crocefisso 8, T 347 92 26 729, www.puntobici.lucca.it, Stadtrad 8,50 €/3 Std., 16 €/Tag). Hier bekommen Sie Stadträder, Mountainbikes und Rennräder.

INFOS UND TERMINE

❶ Infos
Ufficio Informazioni e Accoglienza Turistica: Piazzale Verdi, T 0583 58 31 50, www.turismo.lucca.it, April–Okt. tgl. 9–19, Nov.–März 9–17 Uhr

❶ Termine
Volto Santo: 13. Sept. Feierliche Prozession, bei der die Kruzifixreliquie aus dem Dom durch die mit Teelichtern beleuchteten Gassen der Altstadt getragen wird.
Lucca Comics & Games: Ende Okt., www.luccacomicsandgames.com. Größte Comic- und Spielemesse Italiens. Ohne Verkleidung fällt man auf.

❶ Verkehr
Bus: Busse von CTT Nord (www.lucca.cttnord.it) fahren von der Piazzale Verdi in alle Städte der Provinz Lucca und nach Pisa.
Zug: Gute Zugverbindungen ab der **Stazione di Lucca** (Viale Camillo Benso Cavour 15) bestehen nach Pisa, Viareggio, Montecatini, Pistoia, Prato und Florenz.

IN DER UMGEBUNG

Zu Besuch bei Pinocchio
16 km östlich von Lucca liegt Collodi, die Heimat Pinocchios. Die Mutter des Autors Carlo Collodi stammte von hier. Der beliebte **Parco di Pinocchio** (www.pinocchio.it, März tgl. 9–18.30, April–Mitte Sept. tgl. 9–20, Mitte Sept.–Okt. tgl. 9–19 Uhr, Nov.–Febr. (1. Jan.-Woche geschl.) Sa/So, Fei 10 Uhr bis Sonnenuntergang, Kinder 5–14 Jahre 11 €, über 14 Jahre 13 €) ist eine Attraktion für Kinder: ein Skulpturenpark mit den Figuren des Märchens, Animationen, Karussels und Irrgarten.
Nebenan prunkt die **Villa Garzoni** mit ihrer Fassade aus dem 17. Jh. Ihren Garten, eine der schönsten Barockanlagen Italiens, können Sie besichtigen. Auch hier finden Kinder ihr Vergnügen: Es gibt ein **Schmetterlingshaus** (www.pinocchio.it, Öffnungszeiten und Preise wie Pinocchio-Park) auf dem Gelände.

Pisa B 5

Wer Pisa hört, denkt zuerst an das Wahrzeichen der Stadt: den Schiefen Turm. Doch Pisa hat viel mehr zu bieten: eine lebendige Altstadt mit Märkten und Läden, viele Studenten – und ein angenehmes Klima. Die Möwen über Pisas Dächern sind geflügelte Zeichen: Das Meer ist nah. Ihm verdankt die Stadt auch ihr mildes Küstenklima, das in den Vorgärten Orangenbäume gedeihen lässt.

HARING

Eine unglaubliche, wahre Geschichte: Ein Pisaner Student traf in New York zufällig Keith Haring. Er lud ihn nach Italien ein. Und am Antoniuskloster von Pisa schien eine Außenwand wie geschaffen für ein großes Graffito. So entstand 1990 **»Tuttomondo«** ❾, eines der größten Wandbilder des Street Artist und eine bunte Feier des Lebens kurz vor Harings Tod.

Florenz und die nördliche Toscana ▶ Pisa

Sorgen darum, dass der Campanile umstürzen könnte, scheinen sie sich nicht zu machen. Eher sieht es nach einem anderen Problem aus.

Das Meer prägte die Stadt vor allem vom 11. bis 14. Jh., als sie noch in einem sumpfigen Flussdelta lag. Die mächtige Seerepublik baute damals den Domplatz und die ältesten Paläste am Arno – bevor dieser den Hafen versanden ließ und das Meer entrückte. Heute ist der viel genutzte Flughafen Pisas Tor zur Welt. 90 000 Einwohner hat die Stadt, darunter zahlreiche Studenten aus ganz Italien, die die renommierte Universität besuchen.

WAS TUN IN PISA?

Den Domplatz erkunden
Wie ein Traumbild wirken die vier marmorweißen Gebäude am **Domplatz** (Piazza del Duomo). Mit der Beute aus den Sarazenenkriegen im 11. Jh. finanzierten die Pisaner ihren monumentalen **Dom** 1 (April–Sept. 10–20, Okt.–März 10–18 Uhr, Eintritt frei, aber Ticket). Die dekorativen Steinmuster verraten die Mitarbeit gefangen genommener islamischer Steinmetze. Auch der Innenraum zeigt einen prachtvollen Stilmix, der gut zur multikulturellen Handelsmetropole passte: imitierte antike Säulen, maurische Farbwechsel, byzantinische Mosaiken. Das **Baptisterium** 2 (April–Sept. tgl. 8–20, Okt.–März tgl. 9–18 Uhr, 5 €) gegenüber entstand im 12. Jh. In seiner Größe und Rundform ist es eine Nachbildung der Grabeskirche in Jerusalem. Den weltberühmten schiefen Glockenturm, den **Campanile** 3 (tgl. 9–18 Uhr, im Sommer länger, 18 €) hat jeder schon mal gesehen, aber im Original ist er doch am schönsten! Mit dem Dom im Vordergrund scheint er besonders schief zu stehen. Ein Aufstieg wird Ihr Raumgefühl ein wenig irritieren! Verantwortlich für die Neigung waren der weiche Boden aus Schwemmsand und die Schwere des Bauwerks: Das Treppenhaus ist aus massivem Marmor. Entspannender ist der Besuch des **Camposanto** 4 (April–Sept. tgl. 8–20, Okt.–März tgl. 9–18 Uhr, 5 €). Der alte Friedhofsbau (13. Jh.) für die Oberschicht strahlt eine feierliche Ruhe aus. Besonders schön sind die antiken Sarkophage, die lange als Grablegen ›recycelt‹ wurden. Die im Zweiten Weltkrieg zerstörten Fresken (14.–15. Jh.) wurden minutiös restauriert.

Durch die Gassen bummeln
Genug von den Besuchermassen am Dom? Wenige Schritte vom Schiefen Turm entfernt bildet der **Orto botanico** 5

(Via Luca Ghini 13, Juni–Aug. tgl. 9–19, Sept.–Mai Mo–Sa 9–18, So 9–13 Uhr, 2,50 €) eine grüne Nische.
An der Piazza dei Cavalieri wurden im **Palazzo della Caravona** 6 Ritter zur See ausgebildet. Hier lag das administrative und spirituelle Zentrum der toscanischen Flotte von Herzog Cosimo de' Medici. Heute beherbergen die prächtigen Gebäude eine Elitehochschule.
Die schmale Via San Frediano führt mitten ins **Univiertel**, dessen Zentrum die einladende **Piazza Dante Alighieri** 7 bildet. Nehmen Sie Platz in einem der Cafés: Hier lässt sich herrlich das Studentenleben beobachten!
Je weiter es ins Zentrum geht, umso verwinkelter werden die Gassen.
Das **Marktviertel um die Piazza Sant'Omobono** 8 hat typisch mediterranen Charme, inklusive Schmuddelecken. Eleganter wird es in der Hauptstraße **Borgo Stretto** . Ihre schönen Arkaden überschatten einige der edelsten Geschäftsvitrinen der Innenstadt – sowie die Tische der **Pasticceria Federico Salza** 4.
Auf der anderen Seite des Arno können Sie nicht weit vom Corso Italia Keith Harings Wandbild **»Tuttomondo«** 9 (Übrigens, ▶ S. 43) betrachten.

SCHLEMMEN, SHOPPEN, SCHLAFEN

🏠 In fremden Betten

Entspannen im Garten
Minerva
Das komfortable Haus liegt in einem völlig untouristischen Viertel der Altstadt, nicht weit vom Arno entfernt. Ein Pluspunkt ist der hübsche Garten.
Piazza Toniolo 20, T 050 50 10 81, www.hotelminerva.pisa.it, DZ/ÜF um 90 €

Viel Charme aus anderer Zeit
Royal Victoria 2
Das stattliche, persönlich geführte Haus aus dem 19. Jh. liegt direkt am Arno. Die großzügigen Gemeinschaftsräume wirken herrlich museal, die Zimmer sind stilvoll mit Antiquitäten möbliert. Die Gästeliste reicht von Émile Zola bis Umberto Eco.
Lungarno Pacinotti 12, T 050 94 01 11, www.royalvictoria.it, DZ/ÜF 85–140 €

Den weißen Wundern ganz nah
Hotel Di Stefano 3
Nur sechs Fußminuten vom Schiefen Turm entfernt, in einer ruhigen Seitengasse der Altstadt. Etwas luxuriösere Zimmer gibt es im zweiten Gebäude, einem Turmhaus aus dem 11. Jh.
Via Sant'Apollonia 35, T 050 55 35 59, www.hoteldistefano.it, die Preise variieren jahreszeitlich stärker, im Sommer DZ/ÜF 100–130 €

🍽 Satt & glücklich

Exzellentes im Univiertel
Osteria Rossini 1
An der schönen Piazza Dante hat die *osteria* allerlei Tische rausgestellt. Serviert wird eine leckere Küche mit selbstgemachten Nudeln und Desserts sowie Fleisch von lokalen Züchtern.
Piazza Dante Alighieri 4, T 333 667 33 38, www.osteriarossini.it, So–Do mittags, Fr mittags und abends, Sa abends, So mittags, Nudeln/Vorspeisen 6,50–8 €, Hauptgerichte 9–18 €, Abendkarte Antipasti/Nudeln 8–10 €, Hauptgerichte 13–18 €

Leicht und frisch
L'insalateria 2
Gleich zwei Adressen hat das smarte Salatbistro, beide in bester Lage am Arnoufer. Außer Salaten gibt es Suppen, Burger (auch vegetarisch), Carpaccio (Wurst oder Fisch) und frisch gepresste Obst- und Gemüsesäfte. Plätze sind etwas rar.
Lungarno Pacinotti 40 und Piazza Cairoli, T 050 220 04 23, www.linsalateria.it, Mo–Sa 11.30–15.30, 19–22 Uhr, Gerichte 8 €

Kilometro-zero-Eis
Gelateria De' Coltelli 3
Wenn der Ahn das ahnte: Francesco dei Coltelli erfand in Paris des 17. Jh. das moderne Speiseeis; seine gastronomischen Erben bedienen einen modernen Trend: Eis nur aus frischen, regionalen Zutaten. Das schmeckt!

PISA

Sehenswert
1. Dom
2. Baptisterium
3. Campanile
4. Camposanto
5. Orto botanico
6. Palazzo della Caravona
7. Piazza Dante Alighieri
8. Marktviertel um die Piazza Sant'Omobono
9. »Tuttomondo« an der Antonius-Kirche

In fremden Betten
1. Minerva
2. Royal Victoria
3. Hotel Di Stefano

Satt & glücklich
1. Osteria Rossini
2. L'insalateria
3. Gelateria De' Coltelli
4. Pasticceria Federico Salza
5. Numeroundici

Stöbern & entdecken
1. Corso Italia
2. Borgo Stretto
3. Wochenmarkt

Wenn die Nacht beginnt
* Piazza Chiara Gambacorti

Lungarno Pacinotti 23, T 345 481 19 03, www.decoltelli.it, März–Mai, Sept.–Mitte Nov. tgl. 11–20.30 Uhr (leicht variierend) Juni–Aug. So–Do 11–23.30, Fr/Sa 11–24.30 (bei schlechtem Wetter wird u. U. früher geschlossen)

Schiefe Schokolade
Pasticceria Federico Salza ❹
Diese Konditorei ist ein traditioneller Treffpunkt für alle Leckermäuler; hier gibt es den Schiefen Turm aus Schokolade!
Borgo Stretto 46, T 050 58 01 44, tgl. 8–20.30 Uhr

Selbst ist der Gast
Numeroundici (Numero 11) ❺
Die täglich neue Speisekarte auf einer Schiefertafel bietet schmackhafte ›Weltküche‹ mit regionalem und arabischem Einschlag. An der Theke wird bestellt und abgeholt. Die Gäste decken selbst ein und ab – damit das Personal machen kann,' was ihm am besten gefällt: kochen!
Via San Martino 47, T 050 272 82, www.numeroundici.it, Mo–Fr 12–22.30, Sa 19–22.30 Uhr, Tellergerichte 6–14 €

🛍 Stöbern & entdecken

Die Haupteinkaufsstraßen Pisas sind der **Corso Italia** ❶ und der **Borgo Stretto** ❷. Der große **Wochenmarkt** ❸ (Parkplatz Park Brennero, Via Paparelli, Mi, Sa 8–13 Uhr) findet am Stadtrand statt.

☀ Wenn die Nacht beginnt

Kaum zu glauben, dass um die kleine **Piazza Chiara Gambacorti** ein Dutzend Lokale, Bistros, Bars und Eisdielen Platz finden. Hier treffen sich bis in die Nacht Studenten, Arbeitende und Familien zum Chill Out. Die Bars an den **Arnoufern** bleiben hauptsächlich Jugendlichen und Studenten vorbehalten.

INFOS UND TERMINE

ⓘ Infos
Info Point des Ufficio di Informazione Turistica Pisa: Piazza del Duomo 7,

Anfang der 1970er-Jahre war Pisa eine Hochburg der italienischen APO. Der 20-jährige Franco Serantini wurde 1972 während einer antifaschistischen Demo von der Polizei am Arnoufer zu Tode geprügelt. Der Anführer der Studentenbewegung, Adriano Sofri, saß jahrelang für einen nie völlig aufgeklärten Polizistenmord im Gefängnis der Stadt. Bis heute beteuert er seine Unschuld …

T 050 55 01 00, www.turismo.pisa.it, tgl. 9.30–17.30 Uhr

ⓘ Termine
Luminara di San Ranieri: 16. Juni. Lichterzauber an den Arnoufern am Vorabend des Stadtheiligenfests. Hunderttausend Teelichter schmücken ab Einbruch der Dämmerung die Uferpaläste. Um 23 Uhr gibt's ein Feuerwerk.

ⓘ Verkehr
Bus: Busse von CTT Nord (www.pisa.cttnord.it) fahren in die Orte der Provinz, nach Livorno und Lucca ab Busbahnhof Sesta Porta (Piazzale Carlo Alberto Dalla Chiesa / Via Cesare Battisti).
Zug: Pisa ist Knotenpunkt der Bahnstrecken Genua–Rom und Pisa–Florenz. Gute Zugverbindungen ab Pisa Hbf (Piazza della Stazione) nach Viareggio, Livorno, Grosseto, Lucca und Florenz.

IN DER UMGEBUNG

Italienischer Strandsommer
Marina di Pisa: ▶ S. 48

Ruhe am Strand
Wer Ruhe und Natur sucht, fährt statt zur Marina di Pisa besser zur **Marina di Vecchiano** (📖 B 4), die auch nur 17 km von Pisa entfernt ist. Hier können Sie im **Parco Regionale Migliarino,**

#4

Italienischer Strandsommer – **Marina di Pisa**

»Sapore di sale, sapore di mare …« – der alte italienische Sommerschlager beamt uns immer direkt an die Marina di Pisa. Denn der Badeort sieht immer noch ganz ähnlich aus wie schon vor Jahrzehnten. Jeden Sommer finden wir hier das Glück zeitloser Strandtage.

Mitte des 19. Jh. entstand Marina di Pisa als Seebad. Bis heute besuchen hauptsächlich Italiener den unspektakulären Ort mit seinen hell getünchten Häusern und Jugendstilvillen. Unsere Pisaner Freunde haben hier, wie schon ihre Eltern und Großeltern, viele Kindheitssommertage verbracht.

Strandfreuden

Heute beginnt ein richtig schöner Tag am Meer immer noch damit, dass wir uns irgendwo am schmalen **Kieselstrand** unterhalb der **Uferstraße** 1 einen Platz für den Sonnenschirm suchen. In den heißen Monaten ist es am Wasser voll und eng, aber das gehört irgendwie dazu. Beleibte Omas aus der Gegend packen ihre Kühltaschen aus und lästern über ihre Schwiegertöchter. Paare brutzeln in der Sonne, Kinder spielen am Wasser. Für eine Erfrischung am Mittag reichen ein paar Schritte zur Uferstraße, dort sitzt man möglichst bewegungslos und schaut im Schatten der Markisen aufs Meer – am besten im **La Perla Cafè** ❶ oder im **Seaside Cafè** ❷.

Toscana heißt nicht nur Kultur-Sightseeing, Zypressen, Weinberge und Getreidefelder, sondern auch ab und an den Blick aufs Meer genießen.

Gaumenfreuden und Meeresrauschen

Abends wird es an der Uferstraße lebhaft. Am Wochenende ist hier halb Pisa unterwegs. Die Straße wird für Autos gesperrt, die Lokale stellen ihre Tische auf den Asphalt, mit Blick auf Strand und Sonnenuntergang. Den *aperitivo* nehmen Sie jetzt am besten im **Sunset Cafè** ❸ – direkt am Strand, mit Meeresrauschen im Ohr und Sand an den Zehen.

Weiter geht es zum Abendessen: Unsere Lieblingsadresse dafür ist das Fischrestaurant **L'Arsella** ❹ einen kurzen Spaziergang weiter nördlich. Es hat lange Tradition an der Marina und bietet nicht nur das leckerste Essen am Strand, sondern auch einen tollen Gastraum mit Blick aufs Meer (reservieren und Fenstertisch im großen Saal bestellen!). Auch das **Teste & Lische** 5 etwas weiter nördlich serviert frische Köstlichkeiten aus dem Meer.

Später reihen wir uns ein in den Strom der Spaziergänger und holen uns in der Eisdiele **La Sirenetta** 6 ein leckeres Eis. Damit geht es dann zum 2013 neu eröffneten **Yachthafen** 2: Der kleine ›Panoramaweg‹ auf der **Hafenmole** bietet einen tollen Blick auf Meer und Küstenlinie.

Immer für Entspannung gut – Marina di Pisa

Nacht am Hafen

Und wer jetzt nach *aperitivo* und Wein nicht mehr fahren möchte, bleibt einfach über Nacht: im schlichten, aber angenehmen B & B **La Papaya** 1 oder in der Pension **Villino Ermione** 2, einer Villa vom Anfang des 20. Jh.

INFOS/ÖFFNUNGSZEITEN

La Perla Cafè 1: Via P. Agostino Da Montefeltro 3, T 050 35124
Seaside Cafè 2: Via della Repubblica Pisana 42, T 392 967 6640, tgl. 6–3 Uhr
Sunset Cafè 3: Via Litoranea 40A, T 345 0873007, www.sunsetcafe.it, April–Okt. Mo–Do 19–2, Fr–So 19–3 Uhr
L'Arsella 4: südliches Ende der Via Padre Agostino, T 050 366 15, www.arsella.it, Do–Di 12.30–15.30, 19.30–22.30 Uhr, Pasta ab ca. 10 €, Fischgericht ab ca. 15 €
Teste & Lische 5: Piazza Gorgona 7, T 050 360 54, www.testeelische.it, Do–Di 12–15, 19–22.30 Uhr
La Sirenetta 6: Via della Sirenetta 1B, tgl. 12–23.45 Uhr
La Papaya 1: Via Don Mander 10A, T 050 341 48, www.bblapapaya.it, DZ/ÜF 50–110 €
Villione Ermione 2: Via F. Barbolani 20, T 050 365 74, www.villinoermione.it, DZ ab 65 €

Faltplan: B 5 | **Bus:** 10 alle 15–30 Min. ab Pisa Sesta Porta (Piazzale Carlo Alberto Dalla Chiesa) bis Marina di Pisa (Vial Maiorca 104) | **Pkw:** über die Viale D'Annunzio

Florenz und die nördliche Toscana ▶ Viareggio

San Rossore, Massaciuccoli (www.parcosanrossore.org) an breiten Sandstränden zwischen Dünen und Meer entspannen.

Viareggio B 4

Das lebendige, moderne Viareggio ist der größte Badeort an der italienischen Westküste. Hier und in den Nachbarorten an der Versilia, der Küste zwischen Ligurischem Meer und Apuanischen Alpen, gibt es schöne Sandstrände, die leider etwas verbaut und meist nur durch eintrittspflichtige Strandbäder zu erreichen sind. In der Sommersaison geht es hier recht lebhaft zu.

SCHLEMMEN, SCHLAFEN, SONNEN

⌂ Blick auf die Berge
Hotel Lupori
Das Lupori bietet angenehme, geräumige Zimmer. Schön ist der Blick von der Dachterrasse auf die Apuanischen Alpen, daher sollten Sie ein Zimmer im dritten Stock buchen – mit direktem Terrassenzugang.
Via Galvani 9, T 0584 96 22 66, www.luporihotel.it, DZ 60–100 €

⌂ Jugendstil-Palazzo
Palace Hotel
Das traditionsreiche, 1922 gegründete Hotel in Meeresnähe erinnert mit seiner Jugendstileinrichtung an die großen Zeiten des Tourismus in der Versilia. Auch hier können Sie von der Dachterrasse aus ein herrliches Panorama genießen.
Via Flavio Gioia 2, T 0584 46 134, www.palaceviareggio.com, DZ/ÜF 100–230 € (je nach Saison)

◉ Nicht nur Pizza auf die Hand
Da Rizieri
Vor dem einfachen Lokal im Zentrum von Viareggio stehen die Einheimischen manchmal Schlange für Pizza und Kichererbsenfladen auf die Hand; drinnen wird gute italienische Hausmannskost serviert.
Via Cesare Battisti 35–37, T 0584 96 20 53, Fr–Mi 12.15–14.30, 16.30–22.30 Uhr, Menü ab 20 €

◉ Appetit auf Fisch?
Osteria Piazza Grande
Schlichtes Ambiente, gutes Essen. Empfehlenswert ist z. B. der Antipasto di mare.
Via Cairoli 169, T 0584 96 34 72, Mo–Sa 20–22.30, So 12.30–14 Uhr, Menü um 25 €

☼ Die Nacht wird zum Tage – in Marina di Pietrasanta
Im Sommer (vor allem Juli/Aug.) ist die Versilia das Zentrum des toscanischen Nachtlebens. Am meisten bietet **Marina di Pietrasanta** (A 4, 10 km nördlich von Viareggio). Zu den bekannteren Discos (alle: Viale Roma) zählen: **Bussola** (Nr. 44, T 0348 514 99 46, 0349 823 55 73, www.bussolaclubversilia.com, Sa ab 21 Uhr), **Ostras Beach Club** (Nr. 123, T 0584 26 71 70, www.ostrasbeach.com, Dez.–Sept. Sa/So 21–4 Uhr), **Seven Apples** (Nr. 108, T 0584 204 58, 347 641 46 01, www.sevenapples.it, Di, Fr/Sa 23.30–4.30, So 20.30–4.30 Uhr).

◐ Strände und Meer
Der feinsandige **Strand von Viareggio** ist 100–200 m breit, das Wasser in Ufernähe seicht. Im Sommer ist fast der gesamte Strand gebührenpflichtig (1 Sonnenschirm / 2 Liegen ab 20 €/Tag). **Gute Badestrände** haben auch die benachbarten Orte.

Ahnen Sie, um was es sich handelt? Hier entstehen die Figuren für die aufwendigen Karnevalswagen.

Florenz und die nördliche Toscana ▶ Livorno

INFOS UND TERMINE

❶ **Informazioni e Accoglienza Turistica:** Viale Carducci 10, T 0584 96 22 33, www.luccaturismo.it, Mo, Fr, Sa 9–13, Di, Do 9–13, 15–18 Uhr

❶ **Karneval:** Am Faschings-So, -Di sowie am So davor und danach, www.viareggio.ilcarnevale.com. Fasching am Meer – aufwendige Karnevalswagen locken Zehntausende in die Stadt.

❶ **Zug:** Viareggio liegt an der Bahnstrecke Genua–Rom. Gute Verbindungen in alle Küstenorte (Pisa, Livorno, Genua u. a.), nach Lucca, Pistoia, Prato, Florenz.

Livorno 🗺 B 6

Drittgrößte Stadt der Toscana, bedeutender Hafen, viel Industrie (Chemie, Eisen, Werften), im Zweiten Weltkrieg stark zerstört – das ist Livorno. Doch ein Bummel durch den historischen Speicherhafen macht Spaß.

WAS TUN IN LIVORNO?

An Kanälen flanieren

Vom alten **Medici-Hafen** aus dem 16. Jh. sind noch die **Fortezza Vecchia** und die **Fortezza Nuova** vorhanden. Zwischen beiden erstreckt sich das schönste Viertel Livornos, der **Speicherhafen** (16./17. Jh.). Wegen seiner Kanäle, heute von Vergnügungsbooten gesäumt, wird es auch Quartiere Venezia (Venedigviertel) genannt. Sein Wahrzeichen ist die alles überragende Kirche **Santa Caterina** (18. Jh.). Ab der Fortezza Nuova überdeckt die riesige **Piazza della Repubblica** den Hauptkanal – gibt ihn aber dort wieder frei, wo er als einstiger Verteidigungsgraben um die Altstadt verläuft. Am Kanalufer **Scali Aurelio Saffi** ragt die **Markthalle** (Mo–Sa 8–15 Uhr) aus dem 19. Jh. auf. Sie ist nach der von Florenz die zweitschönste der Toscana.

Lebenswelt des Meeres erkunden

Interessiert an der Unterwasserwelt? Besuchen Sie den **Aquario Comunale**, das größte Aquarium der Toscana. Piazzale Mascagni 1, www.acquariodilivorno.it, April-Mitte Sept. Di–Sa 10–17, So/Mo 10–18, Mitte Sept.–März Sa/So 10–18 Uhr, 14 €

SCHLEMMEN & SCHLAFEN

🏠 Mit Charme und Weitsicht
Parking Hotel Giardino
Eine Villa in den Hügeln über Livorno wurde zu diesem freundlichen Hotel ausgebaut. Prunkstück: die Gemeinschaftsterrasse mit Meerblick, auf der Sie frühstücken und abendessen können. Via della Lecceta 5, Stadtteil Montenero, T 0586 57 99 57, www.hotellavedetta.com, DZ/ÜF 70–110 € je nach Kategorie und Saison

🍽 Fisch zu Mittag
Cantina Nardi
Zum Mittagessen gibt es hier ein kleines Angebot vorzüglicher Gerichte, z. B. Spaghetti mit Meeresfrüchten, Stockfisch mit Pestosoße, Sardellenauflauf oder Tintenfisch mit Kartoffeln. Via Cambini 6, T 0586 80 80 06, www.cantinanardi.com, Mo–Sa mittags, Hauptgerichte ab 10 €

INFOS UND TERMINE

❶ **Centro informazioni turistiche:** Via Pieroni 18, T 0586 89 42 36, www.costadeglietruschi.it, tgl. 10–15 Uhr

❶ **Effetto Venezia:** Ende Juli, www.livorno-effettovenezia.it. Fünftägiger Kunsthandwerkmarkt bis spät in die Nacht an den Kanälen im alten Speicherviertel. Oft treten Straßenkünstler auf.

❶ **Bus:** Busverbindungen mit CTT Nord (www.livorno.cttnord.it) in alle Orte der Provinz Livorno sowie nach Pisa.
Zug: Livorno liegt an der Bahnstrecke Genua–Pisa–Rom. Gute Verbindungen ab **Stazione Centrale** (Piazza Dante) in alle Orte an der Küste, auch direkte Züge nach Florenz.

#5

In den Marmorbergen – zu den Steinbrüchen von Carrara

Gletscherhell leuchten die Apuanischen Alpen aus der Ferne. Wer bis oben in die Berge fährt, betritt eine andere Welt: weiße Steinbrüche, gigantische Maschinen, Stille und Gesteinsdonner. Für uns jedes Mal ein besonders eindrucksvolles Toscana-Erlebnis.

Lärm und harte Arbeit stehen vor glänzendem Marmor

Schon die alten Römer haben aus Carrara ihren Marmor bezogen, später Michelangelo. Heute wird hier mehr Stein geschnitten als je zuvor – gut 15 000 Menschen arbeiten in den Abbaugebieten! Die Römer brauchten für einen Block noch bis zu sechs Monate, heute genügen drei oder vier Tage. Mit Spiraldraht und diamantbesetzten Stahltrossen wird der Marmor aus dem Berg geschnitten und zerlegt. Lastwagen bringen die tonnenschweren Blöcke ins Tal, von dort aus werden sie in die ganze Welt verschifft. Außer für Bildhauerarbeiten wird Carrara-Marmor heute vor allem im Innenausbau benutzt. Trotz der schweren Arbeit lohnt das Geschäft: Für die besten Steine werden bis zu 2500 €/t gezahlt.

Lärm in den Bergen

Auf dem Weg in die legendären Marmorberge nehmen Sie von **Carrara** aus die **Strada dei Marmi** 1 – die Marmorstraße – bis Codena. Dann geht es weiter via Bedizzano bis **Colonnata** 2. Folgen Sie in dem Bergdorf zunächst der **Via dei Canaloni** 3 ein Stück weiter hinein in die Apuanischen Berge.

S SPECK

Fast so berühmt wie der weiße Marmor ist in der Toscana auch eine andere weiße Spezialität aus den Marmorbergen: der köstlich-aromatische *lardo di Colonnata*, den Sie unbedingt probieren sollten. Am besten tun Sie das natürlich wo? In Colonnata. Dorfläden und Lokale haben ihn dort im Angebot.

→ **UM DIE ECKE**

Tolle Eindrücke von der Landschaft der Apuane erhalten Sie auf einer kleinen **Wanderung** 1 von Colonnata zum Weiler **Vergheto**. Ein alter Maultierpfad führt auf einen Höhenkamm mit schöner Aussicht über Meer und Berge. Die Tour beginnt 20 m vor dem Dorfplatz von Colonnata und ist rot bzw. rot-weiß gekennzeichnet als Weg 38.

Steinbrüche von Carrara #5

Ganze Hänge sind dort in riesige Terrassen zersägt. Abends herrscht überwältigende Stille, tagsüber hallt das tosende Echo der Arbeiten am Berg.

Tropfen und Staub, Kurven und Brüche

Wenn Sie oben genug gesehen haben, folgen Sie den Lastwagen auf ihrer abenteuerlichen Route, diesmal über die **Via Miseglia Fantiscritti** 4. Bergabwärts verläuft die Marmorstraße auf der engen Trasse einer inzwischen still gelegten Marmor-Eisenbahn. Es geht durch tropfende, schwach erleuchtete Tunnel, über kühne Viadukte, durch feinen Marmorstaub und enge Kurven. Nichts für schwache Nerven, aber ein unvergesslicher Einblick in die Welt des Carrara-Marmors!

Einige der nummerierten Brüche auf der Route können Sie besichtigen. Wir empfehlen **Abbau Nummer 84**, die **Cava Museo Fantiscritti** 5: Er liegt als einziger komplett im Berginneren. Auf der Suche nach den tiefen Marmorschichten werden hier Höhlen, groß wie Kathedralen, in den Berg gesägt. Gearbeitet wird in den Brüchen nur werktags – aber auch die Stille am Wochenende hat ihren Reiz.

Über die Via Miseglia Fantiscritti / Via Carrara Miseglia geht es dann zurück nach Carrara.

Anfahrt: Pkw oder geführte Jeeptour (Marmotour, www.marmotour.com). Ab Carrara fährt Bus 50 bis Colonnata (Mo–Fr alle 90 Min.). Von Viareggio oder Pisa nach Carrara: via SS1 (Via Aurelia) oder A12 (Maut).
Cava Museo Fantiscritti: Fantiscritti, www.cavamuseo.com, geführte Besichtigung n. V. ab 10 Pers. (6 €/45 Min.).

KULINARISCHES

Die **Trattoria Venanzio** in Colonnata 2 (Piazza Palestro 3, T 0585 75 80 33, Mo–Mi, Fr/Sa 9–14.30, 19–23, So 9–14.30 Uhr, moderat) bietet *lardo di Colonnata* an, z. B. pur oder im gefüllten Kaninchen.

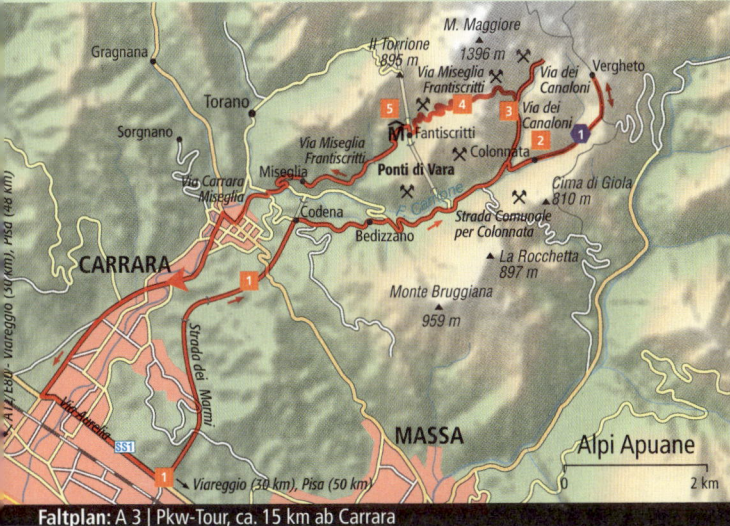

Faltplan: A 3 | Pkw-Tour, ca. 15 km ab Carrara

Das Zentrum um das Chiantigebiet

Eine echte Sehnsuchtslandschaft für Landliebende, Weinkenner und Kunstfreunde. Hier lässt sich wunderbar die Zeit anhalten: Genießen Sie die Weine und Panoramen des Chianti, bummeln Sie durch das uralte Volterra und erleben Sie in Siena (hier: Piazza del Campo), Arezzo und San Gimignano die Pracht des toscanischen Mittelalters. Gute Orte zum genüsslichen Nichtstun sind auch die Agriturismi, die zwischen Weinbergen, Olivenhainen, Feld und Wald liegen und ihre Gäste herzlich aufnehmen.

Greve in Chianti

📍 E 5–6

Das hübsche Dorf ist der bekannteste Weinort des Chianti. Dank der guten Anbindung an Florenz, über das Greve-Tal oder die Landstraße Chiantigiana (SR 222), war es schon immer ein lebendiger Marktplatz. Eine Übernachtung in diesem ländlichen Ort ist eine originelle Wahl, denn fast alle Reisenden fahren nur durch. Außerdem ist Greve ein idealer Ausgangspunkt für Ausflüge ins Chiantigebiet.

WAS TUN IN GREVE?

Über den alten Marktplatz bummeln
In Greve dreht sich alles um die **Piazza Matteotti.** Der alte Marktplatz ist vielleicht der schönste seiner Art im Chianti: dreieckig und von Laubengängen gerahmt, über den Lauben begrünte Balkons. Darunter laden Läden, Lokale und Cafés zum Flanieren und Verweilen ein. Wein ist hier allgegenwärtig. Außerdem sorgt die legendäre Metzgerfamilie von der **Antica Macelleria Falorni** (Piazza Matteotti 69, www.falorni.it, Metzgerei Mo–Fr 9–13, 15.30–19.30, Sa 9–19.30, So, Fei 10–13, 15.30–19.30, Bistro tgl. 10–20 Uhr) mit traditionellen Rezepturen und einer eigenen Schweinezucht für weithin bekannte Qualität. In den verwinkelten Verkaufsräumen hängen Schinken von der Decke und überall stapelt sich Salami: mit Fenchel gewürzt *(finocchiona)*, getrüffelt *(salame all'aroma di tartufo bianco)* oder vom Wildschwein *(salame con cinghiale)*. Vor dem Laden ziert das **Denkmal für Giovanni da Verrazzano** den Platz. Er stammte von einer nahen Burg und wurde als Seefahrer berühmt, als er die Bucht von New York entdeckte.

SCHLEMMEN, SHOPPEN, SCHLAFEN

🏠 Mittendrin
Albergo del Chianti
Das sympathische, zentral gelegene Haus direkt an der Piazza Matteotti wird von freundlichen jungen Wirten geführt. Der kleine Garten mit Pool ist eine Oase der Ruhe.
Piazza Matteotti 86, T 055 85 37 63, www.albergodelchianti.it, DZ/ÜF um 100 €

🏠 Tradition am Marktplatz
Giovanni da Verrazzano
Der traditionsreiche Gasthof liegt ebenfalls direkt an der Piazza Matteotti. Das Restaurant des Hauses verwöhnt seit Jahrzehnten mit klassischer toscanischer

Klar, in Greve in Chianti interessiert Sie vermutlich zuallererst der Wein, dann vielleicht noch der Schinken, die Salami? Aber der Ort, insbesondere der alte Marktplatz, ist auch einfach so ein bezauberndes Ziel!

Von Weingut zu Weingut – **Roadtrip durch den Chianti**

Fenster runter, Motor an und hinein in die Traumlandschaft der ländlichen Toscana: Nichts ist schöner als eine Fahrt durch den Chianti! Auf kleinen staubigen Straßen geht es von Weingut zu Weingut, vorbei an alten Dörfern und immer neuen Ausblicken.

Der Chianti, das ist die Hügellandschaft zwischen Florenz und Siena, berühmt für ihre Panoramen und ihren Wein. Schon im Mittelalter wurde hier Wein angebaut; 1924 haben sich die Gemeinden der Region zur Vereinigung des Schwarzen Hahns (Consorzio del Gallo Nero) zusammengeschlossen und keltern bis heute den Chianti classico, den bekannten Rotwein. Eine Tour durch die Hügel und Felder lässt sich daher wunderbar mit ein paar guten Weinproben bei lokalen Produzenten verbinden.

Chianti international

Ein guter Ausgangspunkt dafür ist **Greve in Chianti** 1, die größte Stadt der Region (▶ S. 32). Von hier aus führt eine schöne Tour **(Tour 1)** in Richtung Westen – zu zwei ganz verschiedenen Weingütern und einer alten Abtei. Von Greve geht es zunächst durch das Greve-Tal über den Ortsteil Greti auf die SP 3 und die SP 92 bis nach Quattro Strade, dort über die Via Campoli und die Via di Fabbrica ins Pesa-Tal auf die SP 94 (rechts ab), dann auf die SR 2 nach **Bargino.** Hier ist das erste Ziel erreicht, das **Weingut Antinori** 2. Antinori ist ein Global Player der Weinwirtschaft im Chianti. Der neue futuristische Super-Weinkeller ist als architektonische Attraktion gebaut und bietet englischsprachige Führungen mit Weinprobe an.

Zu Gast auf dem Weingut

Vielleicht lassen Sie es aber auch bei einem Blick bewenden und besuchen lieber das viel kleinere, familiär geführte Qualitätsweingut **Altiero.** Dafür

▶ LESESTOFF

Wein kann auch bitter sein – zumindest literarisch. **Bitterer Chianti** von Paul Grote gehört zu der vom Autor begründeten Gattung der Weinkrimis. Gut recherchiert und hochaktuell ist das Buch die perfekte Reiseliteratur für spannende Tage in der Toscana.

#6 Roadtrip durch den Chianti

Aus dem Halbschatten heraus lassen sich die Besucher des Weinguts wohl besonders gut beobachten.

Das ursprüngliche ›Rezept‹ für den Chianti stammt aus dem Jahr 1837, vom Gutsbesitzer Baron Ricasoli. Der Chianti wurde danach aus drei Traubensorten (70 % Sangiovese, 20 % Canaiolo und 10 % – weißer! – Malvasia) zu einem fruchtigen Wein gekeltert. Heute geht die Tendenz mehr zur Herstellung kräftigerer, alterungsfähiger Produkte, viele Chianti-Winzer keltern Spitzenweine. (Manche davon werden übrigens als simple *vini da tavola*, als Tafelweine, ohne das Etikett des Schwarzen Hahns verkauft – vor allem von Winzern, die mit Produktionsverfahren experimentieren, die dafür nicht zugelassen sind).

bleiben Sie auf dem Rückweg nach Greve ein Stück länger auf der SP 94 und biegen vor Sambuca links ab zur **Badia a Passignano** 3, einem 1049 gegründeten Kloster (heute ebenfalls Teil der Antinori-Güter, Besichtigung der Weinkeller möglich) – wunderschön gelegen und sogar noch von einigen Mönchen bewohnt.

Hinter Passignano geht es die (teils unbefestigte) Strada di Greve entlang zur SP 118. Nach San Cresci liegt die **Azienda Agricola Altiero** 4 rechts von der Straße in wunderschöner Lage mit Blick auf das Greve-Tal. Hier hat Paolo Baldini die alte Familientradition des Weinbaus wieder aufgenommen und keltert ausgesuchte Chianti-Spezialitäten. Gemeinsam mit seiner Frau Samuela bietet er leckere Menüs, Weinproben und Kochkurse an. Eine gute Gelegenheit zu persönlichem Kontakt und Genuss mitten in den Weinbergen! Über Montefioralle können Sie nach Greve in Chianti zurückfahren.

Wurst und Wein

Eine **zweite Tour** in Richtung Süden führt über die SR 222 kurvig durch die Weinberge aufwärts zu dem mittelalterlichen Ort Panzano. Unterwegs passieren Sie die Traditionstrattoria **Montagliari** 1 und das gleichnamige Weingut. In **Panzano**, einem Dorf in herrlicher Panoramalage, gibt es bei **Dario Cecchini** 🛈 richtig gute Schinken und Wurstwaren; man kann hier auch essen und Fleischerkurse besuchen. Manche Gourmets halten Cecchini für die beste Metzgerei der Toscana.

→ UM DIE ECKE

Der private Mäzen Piero Giadrossi hat Künstler aus 20 Ländern eingeladen, in einem Wäldchen bei Siena ihre Skulpturen aufzustellen. Den **Parco Sculture del Chianti** 8 (Pievasciata, 14 km nördlich von Siena, T 0577 35 71 51, www.chiantisculpturepark.it, April–Okt. tgl. 10 Uhr bis Sonnenuntergang, Nov.–März n. V., 10 €), erreichbar von Castellina oder Gaiole in Chianti, können Sie auf einem Rundgang erwandern. Falls Sie von Siena aus kommen: auf der SR 222 Richtung Castellina in Chianti, nach 2 km rechts Richtung Vagliagli, nach weiteren 8 km der Beschilderung nach rechts folgen.

Roadtrip durch den Chianti #6

Weindörfer, Weinberge, Weingüter

Folgen Sie der SR 222 in Richtung Siena und biegen Sie nach 3 km hinter Panzano links ab und fahren Sie über die SP 2 nach **Radda in Chianti** 5. Der hübsche Ort liegt wunderschön auf einem Hügel über Rebhängen. Über die Strada Provinciale di Molinlungo / SP 2 und die SP 408 geht es dann ins Weindorf **Gaiole in Chianti** 6. Zurück über Radda geht es nach **Castellina in Chianti** 7, einem der größeren Orte des Chiantigebiets in aussichtsreicher Lage. Hier gibt es gute Unterkünfte und reich sortierte Weinläden. Von Castellina kehren Sie auf der SR 222 nach Greve zurück.

INFOS/ÖFFNUNGSZEITEN

Antinori nel Chianti Classico 2: Via Cassia per Siena 133, Loc. Bargino, San Casciano, T 055 235 97 00, www.antinorichianticlassico.it, April–Okt. tgl. 10–17 Uhr, Eintritt frei; Führung mit Weinprobe (Anmeldung!) ab 30 €

Badia a Passignano 3: Via Passignano 33, Loc. Badia a Passignano, T 055 807 12 78 www.osteriadipassignano.com, Weinkeller tgl. 11.15–18.15 Uhr (Anmeldung!)

Azienda Agricola Altiero 4: Via San Cresci 58b ,50022, Loc. Montefioralle, T 055 2359700, www.altieroinchianti.it, nur mit Voranmeldung; Weinprobe 15 €, Menü/Weinprobe 20–35 €, Kochkurse 50–80 €

Trattoria Montagliari 1: Strada Chiantigiana, zwischen Greve und Panzano, T 055 85 20 14, www.montagliari.it, tgl. 10–22 Uhr, Hauptgerichte um 15 €

Dario Cecchini 1: Via XX Luglio 11, www.dariocecchini.com (lustige Website!), tgl. 9–16 Uhr

---

GUT ÜBERNACHTEN

Die **Fattoria Tregole** 1 (T 0577 74 09 91, www.fattoria-tregole.com, DZ/ÜF 120–180 €) ist ein altes, idyllisch gelegenes Herrenhaus in einem winzigen Weiler 6 km südlich von Castellina in Chianti (ⓜ E 6). Ein Genuss: das Frühstück auf der blumengeschmückten Terrasse.

Faltplan: E–F 5–6 | Rundtouren mit dem Auto: Tour 1 ab/bis Greve 36 km, Tour 2 ab/bis Greve mit Abstechern ca. 90 km, Dauer jeweils 1/2–1 Tag

Landküche. Besonders schön sitzt man an lauen Sommerabenden auf der blumengeschmückten Terrasse über den Lauben.
Piazza Matteotti 28, T 055 85 31 89, www.albergoverrazzano.it, DZ/ÜF 105 €

🍴 Lokal produziert
Mangiando Mangiando
Küche beginnt auf dem Feld – so das Credo von Koch Salvatore Toscano. Alles kommt aus der Umgebung, ob Pasta, Käse oder Olivenöl. Die Wurst ist von der Metzgerei Falorni nebenan (s. o.). Herausragend sind die Fleischgerichte, z. B. Rinderbäckchen in püriertem Gemüse.
Piazza Matteotti 80, T 055 854 63 72, www.mangiandomangiando.it, tgl. 12–15, 19–22 Uhr, Hauptgerichte ab 16 €

🍴 Omas Küche verfeinert
La Cantina
Im ehemaligen Kohlelager der Eisenbahn, die Greve einst mit Florenz verband, hat sich ein Familienrestaurant eingenistet. Alessandro (im Saal) und Lorena (in der Küche) bieten toscanische Gerichte und Pizza nach alten Rezepten – mit zeitgenössischem Twist. Nach einem Kochkurs mit Lorena können Sie sich im Voraus per E-Mail oder telefonisch erkundigen.
Piazza Trento 3, T 055 85 40 97, www.pizzerialacantina.it, tgl. 10–23 Uhr, Pasta 9–10 €, Fleischgerichte 12–22 €

ℹ️ Infos
Touristeninformation: Pro Loco, Via Luca Cini 1, T 055 85 46 299.
Bus: zwischen Greve und Florenz verkehrt Mo–Sa ca. stündlich (So, Fei etwas seltener) ein Bus der Firma Busitalia – Sita Nord (www.fsbusitalia.it), Fahrtzeit ca. 60 Min.

San Gimignano

📍 D 6

Eine Altstadt wie eine Filmkulisse! Zu Recht zieht San Gimignano viele Besucher an. Schon die Lage auf dem Hügel ist märchenhaft. Seit dem 10. Jh. passierte die wichtige Via Francigena den Ort und machte ihn zu einer belebten Marktstadt und Pilgerstation. Brunnen und verwinkelte Mauern erinnern ans Mittelalter. Vor allem aber steht hier eine richtige kleine Skyline an Geschlechtertürmen (▶ S. 62), mitten in einer der lieblichsten Landschaften der Toscana.

WAS TUN IN SAN GIMIGNANO?

Manchmal droht der Touristenansturm die großartige Atmosphäre in San Gimignano zu zerstören. Dann heißt es: in die ruhigeren Seitengassen abtauchen.

Auf der Frankenstraße spazieren
San Gimignano verdankt seine Bedeutung seiner Lage an der Via Francigena (▶ Übrigens, links), dem früheren Hauptverkehrsweg zwischen Nord- und Mitteleuropa und Rom. Der Straßenzug ist noch gut zu erkennen: Er führt von Norden nach Süden vom Stadttor Porta San Matteo zur Porta San Giovanni.

VIA

Die Via Francigena bezeichnet im engeren Sinn die Pilgerrouten von nördlich der Alpen zu den Gräbern der Heiligen Petrus und Paulus in Rom. Mehrere Zweige vereinigten sich in Oberitalien und führten längs durch die Toscana, u. a. über Lucca, San Gimignano, Siena und San Quirico d'Orcia, in die ›Ewige Stadt‹. Da die Frankenstraße in ein Wegesystem alter Handels- und Heerstraßen eingebunden war, auch Nord- und Mitteleuropa waren so angeschlossen, nutzten sie nicht nur Pilger, sondern vor allem auch unzählige Kaufleute und Kreuzzügler. Erstmals belegt ist der Name Via Francigena im Actum Clusio der Abtei San Salvatore al Monte Amiata.

SAN GIMIGNANO

Sehenswert
1. Porta San Giovanni
2. Porta San Matteo
3. Collegiata Santa Maria Assunta
4. Palazzo del Popolo / Pinakothek
5. Rocca di Montestaffoli
6. Centro di documentazione del Vino Vernaccia / Weinmuseum
7. Stadtmauer
8. Chiesa di Sant'-Agostino
9. Torre e Casa Campatelli
10. Galleria Continua

In fremden Betten
1. La Cisterna
2. Casa alle Vacche
3. Torre Salvucci

Satt & glücklich
1. Gelateria di Piazza
2. La Bettola del Grillo
3. Divinorum
4. Osteria del Carcere
5. Osteria delle Catene

Stöbern & entdecken
1. Bazar dei Sapori

Meist werden Sie aber von Süden das Städtchen betreten, also durch die **Porta San Giovanni** 1. Die Via Francigena verläuft dann von hier über die **Piazza del Duomo** und die malerische **Piazza del Cisterna** durch die Ortsmitte zur **Porta San Matteo** 2.

Mittelalterliche Bilder betrachten
Auf der zentralen Piazza Duomo ringen seit über 700 Jahren Kirche und Rathaus um Aufmerksamkeit.
Künstler aus Siena malten im 14. Jh. das Innere der außen streng kalksteingrauen Kollegiatskirche, der **Collegiata Santa Maria Assunta** 3 (April–Okt. Mo–Fr 10–19.30, Sa 10–17.30, So 12.30–19.30, Nov.–März Mo–Sa 10–17, So 12.30–17 Uhr, 4 €), aus. Wie ein spätmittelalterliches Bilderbuch erzählen die Fresken Geschichten des Alten und Neuen Testaments. Ist da nicht Noah, der die Arche bauen lässt? Daneben drängen schon die Tiere hinein.
Im **Palazzo del Popolo** 4, übers Eck daneben, hatte die Politik ihren Sitz: Stadtrat, Regierung, Justiz. Heute beherbergen die Räume eine kleine **Pinakothek** (tgl. April–Sept. 9.30–19, Okt. 9.30–17.30, Nov.–März 11–17.30 Uhr, 6 €). Und auch hier haben sich bunte Fresken aus dem 14. Jh. erhalten. Besonders pikant: die Liebesabenteuer im zweiten Stock, im ehemaligen Gemach des Richters. Über eine Tür im Treppenhaus können Sie den **Rathausturm** besteigen und ein 360-Grad-Panorama erleben.

Hochhäuser des Mittelalters – **San Gimignanos Türme**

Die mittelalterliche ›Skyline‹ von San Gimignano ist vielleicht nicht ganz so imposant wie die von New York. Aber zu ihrer Zeit war sie genauso modern: eine Architektur des Reichtums und der Macht, die Prestigebauten von Adligen und Geschäftsleuten, deren Verbindungen bis Nordafrika und in den Nahen Osten reichten.

Nirgendwo anders kann man sich das Leben einer italienischen Stadt im Mittelalter so gut vor Augen führen wie in San Gimignano. Die Stadtanlage aus dem 13. und 14. Jh. ist fast unverändert erhalten. Vor 700 Jahren war der Ort mit rund 6000 Einwohnern gar nicht so viel kleiner als heute (knapp 8000 Einw.) – für damalige Verhältnisse ein bedeutendes Zentrum. Die Kaufleute aus San Gimignano waren im gesamten Mittelmeerraum unterwegs. Ihre Spezialität war der Handel mit Safran.

Mittelalterliche Demokratie

Die selbstbewussten Bürger hatten schon im 12. Jh. ihre Unabhängigkeit von den bis dahin regierenden Bischöfen erreicht. Fast 200 Jahre lang wurde San Gimignano – wie die meisten anderen Städte der Toscana – als *libero comune* verwaltet, als unabhängige Stadtrepublik. Zwar hatten nur die Männer der besitzenden Klasse politische Rechte, aber für damalige Verhältnisse war die kommunale Verfassung demokratisch.

Immer geht es ums Prestige

Schon von Weitem fallen sie ins Auge: 15 hoch aufragende **Geschlechtertürme**, der beeindruckende Überrest von ursprünglich 72 solcher *torre!* Sie standen fast unvorstellbar dicht. Mit Geschlechtern sind die Familienverbände gemeint, die sich bei gewaltsamen Auseinandersetzungen in ihren jeweiligen Türmen verbarrikadierten. Also waren die Türme Familienfestungen – aber wichtiger als der

ÜBRIGENS

Ob die **Torre Salvucci** 3, der Turm der Salvucci-Familie, im Zweiten Weltkrieg tatsächlich von englischen Damen gerettet wurde? Zumindest erzählt das der rührende Film »Tee mit Mussolini« (1999) des Florentiner Regisseurs Franco Zeffirelli. Die autobiografisch geprägte Geschichte einer Jugend zwischen Faschismus und Befreiung. Starring: Maggie Smith, Judi Dench und Cher.

San Gimignanos Türme #7

Hoch ragen sie auf: Die trutzigen Geschlechtertürme bestimmen das Stadtbild von San Gimignano.

Schutz, den sie boten, war ihren Erbauern die Frage des Prestiges. Man strebte so hoch wie möglich, um Macht zu demonstrieren. Geschlechtertürme gab es in den meisten Städten Mittelitaliens, anderswo wurden sie aber oft im Lauf der Zeit abgerissen – während in San Gimignano die Medici schon früh eine Art Denkmalschutz eingeführt hatten. Eine der *torre* können Sie seit 2016, frisch restauriert, wieder besichtigen: Die **Torre e Casa Campatelli** ❾ dokumentiert sehr schön das Leben in einem Geschlechterturm und die Geschichte San Gimignanos.

INFOS/ÖFFNUNGSZEITEN
Torre e Casa Campatelli ❾: Via San Giovanni 15, www.visitfai.it/torrecasacampatelli, April–Okt., tgl. 9.30–19, Nov./Dez., März 10.30–17 Uhr, 5 €

KULINARISCHES FÜR ZWISCHENDRIN
Die Eisdiele **Gelateria di Piazza** ❶ (Piazza della Cisterna, Febr.–Ostern, Mitte Okt.–Mitte Dez. tgl. 9–18, Ostern–Mitte Okt tgl. 9–23 Uhr) hatte schon viel prominenten Besuch, trotzdem sind die Preise normal und die Portionen großzügig.
Ein uriges, alteingesessenes Lokal ist **La Bettola del Grillo** ❷ (Via Quercecchio 33, T 0577 90 70 81, 12–13, 19–21.30 Uhr, Ruhetag Mi oder Fr). In alten Mauern und im Garten werden toscanische Küche und lokale Weine serviert.

WOHNEN IM DENKMAL
Einmal in einem echten mittelalterlichen Geschlechterturm wohnen? Das ist jetzt möglich in der **Torre Salvucci** ❸ (Piazza delle Erbe 12, T (mobil) 320 156 32 34, www.torresalvucci.it, Mindestaufenthalt 3 Nächte, 225–315 €/Nacht je nach Saison, Endreinigung 100 €, nur Komplettvermietung). Der Turm ist als *dimora storica* (historische Unterkunft) gelistet und kann, wenn er gerade nicht vermietet ist, auch besichtigt werden (5 €).

Faltplan: D 6 | **Cityplan:** ▶ S. 61

Das Zentrum um das Chiantigebiet ▶ San Gimignano

Einheimische unter sich: In aller Ruhe treffen sie sich nach ›Abzug‹ der Tagestouristen auf einen Plausch an der Piazza Duomo.

Einfach nur genießen

Ein Aussichtsplateau, ein Glas Wein, lichtdurchflutete Landschaft: Momente vollendeter Entspannung können Sie auf dem Hügel der **Rocca di Montestaffoli** 5 genießen, links neben der Burg vor dem **Centro di documentazione del Vino Vernaccia** 6 mit seinem kleinen **Weinmuseum** (www.sangimignano museovernaccia.com, April–Nov. 11.30–19.30 Uhr, Eintritt frei). Sie können das Museum besichtigen – oder nur einen Vernaccia di San Gimignano trinken, den berühmten reinsortigen Weißwein des Ortes: an der Museumskasse zahlen (3–6 €) und mit rausnehmen zu den Tischen. Wer den Touristenrummel in der Hauptstraße noch weiter hinter sich lassen will, kann die **Stadtmauer** 7 auf einem schmalen **Spazierweg** umrunden (auf den Stadtplänen der Touristeninformation grün eingezeichnet). Vor allem auf der Ostseite bieten sich herrliche Ausblicke Richtung Elsatal und Chiantihügel.
An der Nordspitze lohnt sich ein Abstecher zur **Chiesa di Sant'Agostino** 8 (Jan.–März Mo 16–18, Di–So 10–12, 15–18, April–Okt 10–12, 15–19, Nov.–Dez. 10–12, 15–18 Uhr, Eintritt frei). Hinter dem Altar hat der Renaissancemaler Benozzo Gozzoli aus Florenz in klaren Farben und Formen das Leben des Ordensgründers Augustinus geschildert. Durch die Klosterkirche erreichen Sie einen stillen, mit Palmen und Zypressen bepflanzten **Kreuzgang.**

Hochhäuser des Mittelalters – San Gimignanos Türme
9, 3 : ▶ S. 62, S. 63

MUSEEN, DIE LOHNEN

Zeitgenössische Kunstprominenz
Galleria Continua 10
Ai Weiwei, Kiki Smith und Anish Kapoor zählen zu den international bekannten Künstlern, die diese Galerie vertritt. Sie ist eine der bedeutendsten überhaupt in der Toscana. Manche Ausstellungen finden im öffentlichen Raum statt. Keine Angst: Falls Sie eine Figur auf einer Turmkante sehen, ist es bestimmt eine Skulptur von Anthony Gormley.
Via del Castello 11, T 0577 94 31 34, www. galleriacontinua.com, tgl. 10–13, 14–19 Uhr

Das Zentrum um das Chiantigebiet ▶ San Gimignano

SCHLEMMEN, SHOPPEN, SCHLAFEN

🏠 In fremden Betten

Die Hotels in San Gimignano sind relativ teuer. Günstiger kommen Sie bei Privatvermietern unter – gute Doppelzimmer kosten hier durchschnittlich 70 €. Eine Adressenliste gibt es bei der Touristeninformation. Die idyllische Landschaft um San Gimignano macht außerdem das Angebot der *agriturismi* sehr attraktiv.

Efeuumrankt
La Cisterna
Das Familienhotel im Zentrum ist in historischen Gemäuern aus dem 13. Jh. untergebracht. Der Speisesaal im zweiten Stock, wo auch das Frühstück serviert wird, bietet eine herrliche Sicht in die Landschaft. Traumhaft schön sind die Zimmer mit Panoramablick. Man sollte sie gut aussuchen, einige sind recht klein.
Piazza della Cisterna 23, T 0577 94 03 28, www.hotelcisterna.it, DZ/ÜF 90–120 €

Agriturismo per eccellenza
Casa alle Vacche ❷
8 km nördlich der Altstadt liegt der Hof der herzlichen Familie Ciappi, die Wein und Olivenöl produzieren. Für Gäste stehen sechs Appartements zur Verfügung. Ringsherum schweift der Blick über Weinberge und Hügelkämme mit Zypressen.
Loc. Lucignano 73/A, T 0577 95 51 03, www.casaallevacche.it, Appartement/2 Pers. 65–90 €, Appartement/4 Pers. 85–120 € je nach Saison

Wohnen im Denkmal
❸: ▶ S. 63

🍴 Satt & glücklich

Auch bei Promis beliebt, urig und traditionell
❶, ❷: ▶ S. 63

Wein und Aussicht
Divinorum ❸
Neben ausgesuchten Weinen werden hier kalte Platten (Käse oder Wurst) und schöne Salate serviert. Innen sitzen Sie unter Backsteingewölben, im Hof unter Weinlaub. Aber die besten Plätze, sofern Sie sie ergattern, sind die auf der Gasse: mit freiem Blick in die Landschaft.
Via degli Innocenti 21, T 0577 90 71 92, www.divinorumwinebar.com, tgl. 12–21 Uhr, Salate 7–8,50 €, kalte Platten 10–15 €

Bauer oder Signore
Osteria del Carcere ❹
Wer Rezepte vergangener Zeiten liebt, ist hier richtig. Pasta gibt es nicht, sondern ein reiches Angebot an Suppen aus der Tradition der bäuerlichen Küche: die Kichererbsencreme *vellutata di ceci* oder den Brot-Gemüse-Eintopf *ribollita*. Aus Adelskreisen stammen die Fleischgerichte, z. B. Truthahn in Pistazien-Orangen-Soße.
Via del Castello 13, T 0577 94 19 05, Fr–Di 12.30–15, 19.30–22, Do 19.30–22 Uhr, Suppen 9 €, Hauptgerichte um 16 €

Klein und fein
Osteria delle Catene ❺
Gino und Virgilio betreiben ihr Lokal mit viel Hingabe: leckeres, gesundes Essen zu fairen Preisen. Lokale Erzeugnisse verfeinern die Gerichte: Safran die Vorspeisen, Wein die Fleischgänge. Grandios schmeckt das Wildschweinragout.
Via Mainadi 18, T 0577 94 19 66, www.osteriadellecatene.it, Mo/Di, Do–Sa 12–14, 19–21, So 12–14 Uhr, Pasta um 10 €, Hauptgerichte um 14 €

🛍 Stöbern & entdecken

Wer trockenen, fruchtigen Weißwein liebt, findet ihn in San Gimignano: Den **Vernaccia** gibt es in Läden im Ort oder bei den Winzern der Umgebung. Eine Karte mit Adressen der Weingüter bekommen Sie im **Centro di documentazione del Vino Vernaccia** ❻ (▶ S. 64).

Von Aceto bis Zafferano
Bazar dei Sapori
Regionale Leckereien werden in vielen Läden verkauft. Aber dieser hier, am Fuß eines Geschlechterturms, war einer der ersten. Und ist immer noch Spitze! Er

führt sogar das ›rote Gold‹, den Safran (zafferano) von San Gimignano, der seit 2005 ein offizielles Qualitätssiegel besitzt.
Via San Giovanni 8, T 0577 94 20 21, www.bazardeisapori.it, tgl. März–Okt. 9–20, Nov.–Febr. 9–18 Uhr

INFOS

❶ **Infos**
Informazioni ed Accoglienza Turistica (IAT): Piazza Duomo 1, T 0577 94 00 08, www.sangimignano.com, März–Okt. tgl. 10–13, 15–19 Uhr

❶ **Verkehr**
Bus: häufige Verbindungen mit Siena Mobilità (www.tiemmespa.it) nach Florenz und Siena (Umsteigen in Poggibonsi), Fahrzeit jeweils ca. 75 Min.

Volterra D 6

Über Schafweiden und schroffen Erosionskanten, den Balze, thront das 2600-jährige Volterra auf einem Bergrücken. Enge mittelalterliche Straßen prägen das Stadtbild um Dom und Rathausplatz. Die Stadtgründer, die Etrusker, haben beeindruckende Spuren hinterlassen. Die Bewohner heute verarbeiten wie ihre Vorfahren Alabaster oder pflegen die Felder. Ein jüngeres Gewerbe ist: Gäste bewirten. Aus dem Umland kommt ein hervorragender Schafskäse, der Pecorino delle Balze.

WAS TUN IN VOLTERRA?

Durchs Zentrum streifen
An der zentralen Piazza dei Priori haben reiche Familienclans im 12. Jh. massive Steinpaläste mit Türmen errichtet; sie wurden zum Vorbild für das Rathaus, den **Palazzo dei Priori** ❶, gegenüber. Dem **Dom** ❷ (Piazza San Giovanni, tgl. 8.30–12.30, 15–18 Uhr, Eintritt frei) mit seiner schlichten Fassade aus dem 12. Jh. sieht man von außen nicht an, wie mächtig die Bischöfe von Volterra damals waren. Die Innenausstattung aus der Barockzeit ist üppiger. Im linken Querhaus leistete sich der toscanische Flottenadmiral des 17. Jh. Jacopo Inghirami – Spitzname ›Geißel der Türken‹ – eine grandiose Privatkapelle mit Bildern des hl. Paulus.
Überall in der Altstadt: **Alabasterläden!** Der weiche Naturgips, den schon die Etrusker verarbeiteten, wird an zahlreichen Stellen im Umland gebrochen und in Werkstätten der Stadt zu Dekoartikeln, Vasen oder Lampen verarbeitet. Die meisten stehen Besuchern offen, z. B. **Rossi Alabastri** (Piazza della Pescheria, T 0588 86 133, www.rossialabastri.com, März–Okt. Mo–Sa 10–17.30 Uhr, im Winter nach Anmeldung). Hier können Sie sich mit Inhaber Piero Fiumi unterhalten – er spricht fließend Deutsch.

Rundgänge durchs Altertum
Volterra besitzt einige der schönsten Erinnerungen an die toscanische Antike. Im **Museo Etrusco Guarnacci** ❸ (Via Don Minzoni 15, tgl. Nov.–März 10–16.30, April–Okt. 9–19 Uhr, 8 €) wurden die archäologischen Funde des etruskischen Velathri und seiner Nekro-

---

B BIS(S)

Uralte Etruskergräber unter einer trutzigen Stadt: Diese schaurig-romantische Vorstellung hat Stephenie Meyer wohl dazu bewogen, ihre Vampirsaga **New Moon**, deutscher Titel: **Bis(s) zur Mittagsstunde**, u. a. in Volterra spielen zu lassen. Stadtführer bieten sogar extra Rundgänge (www.volterratur.it/vivi/new-moon) an. Nur eines ist dabei nicht zu sehen: die Drehorte für den Film zum Buch. Die liegen nämlich in Montepulciano.

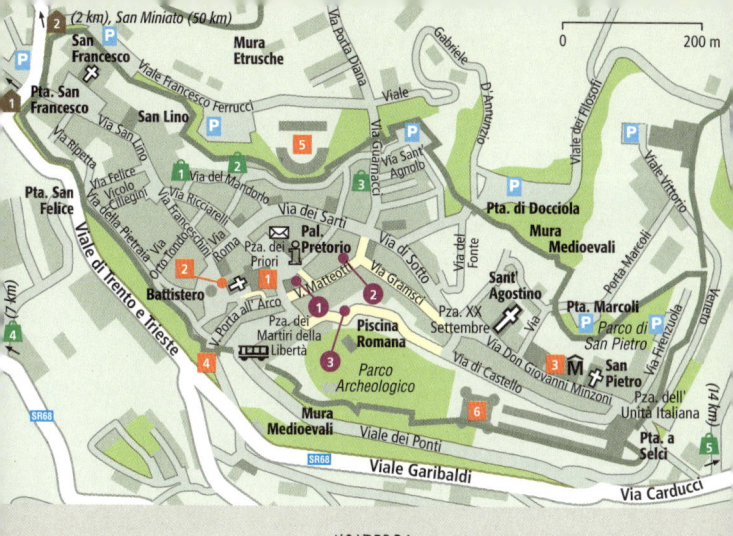

VOLTERRA

Sehenswert
1. Palazzo dei Priori
2. Dom
3. Museo Etrusco Guarnacci
4. Arco etrusco
5. Teatro romano
6. Fortezza / Hochsicherheitsgefängnis

In fremden Betten
1. Albergo Villa Nencini
2. Agriturismo Podere Fraggina

Satt & glücklich
1. La Vecchia Lira
2. Dolceria del Corso
3. Sapori di Toscana

Stöbern & entdecken
1. Rossi Alabastri
2. L'Emporio del Gusto
3. La mia Fattoria
4. Fattoria Lischeto di Gianni Cannas
5. Formaggi Fratelli Carai

polen zusammengetragen. Die riesige **Urnensammlung** (4.–1. Jh. v. Chr.) ist überwältigend. Zwei Raritäten im ersten Stock: die Terracotta-Urne eines Ehepaars, das verblüffend realistisch porträtiert ist, und die überlange Bronzefigur »Schatten des Abends«. Hier hat sich wohl der Bildhauer Giacometti Inspiration für seine vereinsamten Figuren geholt.

Zu weiteren antiken Relikten geht es durch die Stadt. Am unteren Ende der Via Porta dell'Arco steht der **Arco etrusco** 4. Die enormen Quader sind Reste des Mauerrings aus dem 4. Jh. v. Chr., die im Mittelalter wieder benutzt wurden. Heute fahren hier Autos durch! Der Blick nach Süden reicht bis zu den Colline Metallifere, wo die Etrusker Eisenerz und Kupfer förderten. Quer durch die Altstadt erreichen Sie am Nordrand den **Teatro romano** 5 (Piazza Caduti nei Lager Nazisti, Nov.–März Sa–So 10–16.30, Apr.–Okt. tgl. 10.30–17.30 Uhr, 5 €). Die reichste Familie Volterras ließ das Theater im 1. Jh. n. Chr. bauen, um Kultur in die Provinz zu holen. Die Bühnenwand wurde teils rekonstruiert und vermittelt einen schönen Eindruck von der Anlage, hinter der auch **Thermenreste** zu sehen sind.

Umwidmung der besonderen Art

Ein besonderes Konversionsprojekt ist die **Fortezza** 6, die Renaissancefestung auf der Altstadtkuppe von Volterra. Lorenzo de' Medici ließ die ursprüngliche Festung von 1342 im 15. Jh. ausbauen und erweitern, um Volterra endgültig unter die florentinische Herrschaft zu zwingen. Heute beherbergt der Komplex ein weitbekanntes Hochsicherheitsgefängnis.

Das Schwein aus der Nachbarschaft – **Kilometro zero**

Wein und Oliven, Wild und Vieh, Obst, Pilze und Trüffel, Gemüse und Getreide: Die Toscana hat alles, was ein gutes Essen braucht! Im Dorfladen gibt es Wurst vom Bauern nebenan, Käse aus den nahen Bergen. Beste Voraussetzungen für eine Idee, die immer mehr Anhänger findet: essen nach dem Prinzip des Kilometro zero (0 km).

»Die Basis für unser Vorhaben«, sagt Lamberto Bruchi, Kilometro-zero-Wirt in Volterra, »war längst da!«. Seine Heimatstadt Volterra, mit ihren dicken Mauern und alteingesessenen Familien, liegt einsam auf hohen Felsen. Die wichtigsten Grundnahrungsmittel stammen hier schon immer aus den Weinbergen, Olivenhainen, Viehwiesen und Wäldern vor den Stadttoren.

Gesund, lokal, nachhaltig

Kilometro zero: d. h. lokal produzierte Lebensmittel, die nicht durch den halben Kontinent gefahren sind, bevor sie auf den Tisch kommen. Immer mehr Wirte und Händler bieten in der Toscana solches Essen an, frisch und saisonal, oft nach alten handwerklichen Traditionen gefertigt. Im krisengebeutelten Italien ist das eine Idee, die auch helfen soll, den eigenen Standort zu stärken: »Wenn ich zu Hause bei der Manufaktur drei Straßen weiter oder beim Schafbauern aus der Umgebung kaufe, hilft das auch der lokalen Wirtschaft«, sagt Lamberto.

Alte Rezepte neu interpretiert

Sein Restaurant **La Vecchia Lira** ❶ in Volterras zentraler Via Matteotti hat er 2003 gemeinsam mit Bruder Massimo eröffnet. Zwei Monate haben sie mit Familie und Freunden geschuftet. Lampen aus bauchigen alten Flaschen gesägt, die Wände mit Szenen aus den toscanischen Hügeln bemalt. Entstanden ist ein gemütliches Restaurant, das mittags ein günstiges Büfett anbietet und die Karte abends um aufwendigere Gerichte

▶ **INFOS**

Sie möchten regionale toscanische Produkte direkt vom Markt? Unter **www.acutoscana.org/ consumo_sostenibile** unter dem Menüpunkt »Mercati a Filiera Corta e Bio« finden Sie die **Märkte**, die sich darauf spezialisiert haben (nur auf Italienisch).

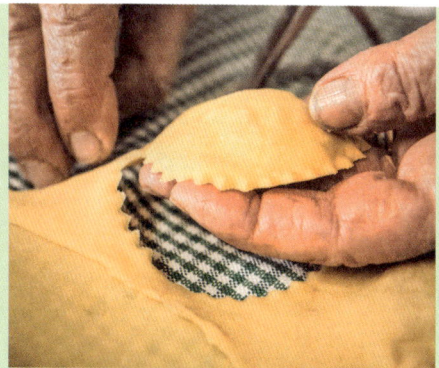

Pasta, hier Tortelli, hausgemacht, lassen sich aus der toscanischen (respektive italienischen) Küche nicht wegdenken.

ergänzt. Was das Team aus traditionellen Zutaten und Gerichten zaubert, lässt einem das Wasser im Mund zusammenlaufen: Parpadelle mit Muscheln, Brotsuppe, Fisch in Tomatensaft, Wildschwein mit Kakao und Pinienkernen …

Der Einkauf vor Ort macht übrigens Preise möglich, die bei der üblichen Kette von Zwischenhändlern gar nicht zu realisieren wären. Das günstigste Mittagessen ist hier für 5,50 € zu haben – darauf stoßen Sie am besten gleich mit einem der köstlichen Weine aus der Region an!

Kilometro zero für Selbstversorger

In Volterra selbst gibt es zwei kleine Läden, bei denen Sie lokale Produkte erstehen können: **L'Emporio del Gusto** ❷ und **La mia Fattoria** ❸. Den würzigen Schafskäse, der auch im La Vecchia Lira angeboten wird, können Sie auf der Käsefarm von Gianni Cannas, der **Fattoria Lischeto** ❹, kaufen.

Gute Kilometro-zero-Angebote gibt es natürlich nicht nur in Volterra – die **Metzgerei von Sergio Fallaschi** im etwa 50 km nördlich gelegenen San Miniato (D 5) z. B. ist ebenfalls eine tolle Adresse, sie bietet köstlichste Fleisch- und Wurstwaren und im angeschlossenen Imbiss ein atemberaubendes Panorama über die umliegenden Hügel.

INFOS/ÖFFNUNGSZEITEN

La Vecchia Lira ❶: Via Giacomo Matteotti 19, T 0588 861 80, www.vecchialira.com, Fr–Mi Büfett ab 11.30, mit Bedienung ab 19 Uhr, Büfettgerichte 5,50–10 €, abends nur à la carte, ab 10 €

L'Emporio del Gusto ❷: Via San Lino 2, Mo–Sa 7.30–13.30, 16–20 Uhr

La mia Fattoria ❸: Via Guarnacci 37, Mo, Mi–So 9–13.30, 16–19.30 Uhr

Fattoria Lischeto di Gianni Cannas ❹: Strada Provinciale (SP) del Monte Volterrano, www.agrilischeto.com, tgl. 9–17.30 Uhr

Metzgerei Sergio Fallaschi: D 5, Via Augusto Conti 18–20, San Miniato (al Tedesco), www.sergiofalaschi.com, T 0571 437 90, nur mit Voranmeldung

Faltplan: D 6 | **Cityplan:** S. 67

Das Zentrum um das Chiantigebiet ▶ Volterra

Sie möchten wissen, wie Alabaster verarbeitet wird? In Volterra haben Sie die Chance dabei zuzuschauen.

SCHLEMMEN, SHOPPEN, SCHLAFEN

🏠 In fremden Betten

Traumhafte Lage
Albergo Villa Nencini ❶
Ein großes altes Naturstein-Wohnhaus wurde hier zum Hotel ausgebaut. Freundlicher Empfang, Pool im hübschen Garten mit Olivenbäumen: Man fühlt sich sofort wohl. Die Lage am Rand des Stadthügels bietet eine fantastische Aussicht und zum nächsten Altstadttor sind es nur 250 m.
Borgo Santo Stefano 55, T 0588 86 386, www.villanencini.it, DZ/ÜF 75 €

Zwischen Feldern und Felsen
Agriturismo Podere Fraggina ❷
Vor der beeindruckenden Erosionslandschaft der *balze* liegt, nur 2 km außerhalb des Stadtzentrums, dieser kleine Familien-*agriturismo*. Es gibt freundliche Appartements mit Kochecke für zwei, vier oder sechs Gäste und einen Panoramapool. Für Spaziergänge durch die reizvolle Landschaft bestens geeignet.
Podere Fraggina, Via della Frana, T 0588 81 130, www.fraggina.it, Appartements ab 70 €

🍴 Satt & glücklich

Kilometro zero
❶ : ▶ S. 68

Süßes Schlaraffenland
Dolceria del Corso ❷
Seit drei Generationen ist die Konditorei in Familienhand. Leider schafft man es kaum, alles zu probieren ... Die mit Sahne gefüllten Meringen sind ein Traum! Die Windbeutel, die Eiercreme-Kringel, und und und ... Aber entscheiden Sie selbst!
Via Giacomo Matteotti 29, T 0588 861 82, www.dolceriadelcorso.com, Di–So 7.30–20 Uhr

Panini für Leib und Seele
Sapori di Toscana ❸
In einem versteckten Winkel unter dem etruskischen Tempelberg liegt dieses winzige, liebenswerte Panini-Lokal. Focaccia und Brötchen werden frisch mit Schinken und Pecorino aus Volterra belegt, mit getrockneten Tomaten, Trüffelcreme oder Speck mit Honig. Auch Bruschetta und Crostini gibt es mit vielen Belägen.
Via di Castello 5, T 0588 857 46, tgl. 10–20 Uhr, 4–7 €

🛍 Stöbern & entdecken

Alabaster und Pecorino sind die Verkaufsschlager Volterras. Während in der Stadt unzählige Alabasterläden (wie **Rossi Alabastri** ❶, ▶ S. 66) zu finden sind, gibt es die reichste Auswahl an Schafskäse immer noch direkt auf den Höfen.

Kilometer Zero
❷ – ❹ : ▶ S. 69

Familienkäserei
Formaggi Fratelli Carai ❺
Die Brüder Carai sind toscanische Originale. Im Hofladen ihrer Schafskäsefarm 14 km östlich der Altstadt in der sanften Hügellandschaft können Sie Käse verkosten und kaufen (Anmeldung erforderlich).
Loc. Montemiccioli, Podere Rimini, T 345 002 70 71, www.formaggicarai.it, tgl. 8–13, 15.30–20 Uhr

Das Zentrum um das Chiantigebiet ▶ Siena

INFOS

❶ Infos
Consorzio turistico Volterra Valdicecina Valdera: Piazza dei Priori 20, T 0588 872 57, www.volterratur.it, tgl. 9.30–13, 14–18 Uhr

❶ Verkehr
Bus: tgl. Verbindungen mit CTT Nord (www.pisa.cttnord.it) nach Cecina an der Bahnstrecke Pisa–Rom. Mo–Sa tgl. drei Busse nach Colle di Val d'Elsa mit Anschluss an Siena und Florenz.

Siena E 7

Siena verzaubert mit einem weitgehend erhaltenen mittelalterlichen Stadtbild. Die hohen Palazzi und engen Gassen, die elegante Piazza del Campo, der erhabene schwarz-weiße Dom und das Farbenspiel beim Palio, dem historischen Pferderennen (▶ S. 74) – all das schafft ein fast mythisches Gesamtbild.

Das alles ist mehr als nur Kulisse, es ist nicht zuletzt gelebte Geschichte. Auch wenn die Zeiten, da Siena mit seinen Banken und Märkten Florenz auch wirtschaftlich Paroli bieten konnte (bis ins 14. Jh.) längst vorbei sind; auch wenn der wichtigste Arbeitgeber der Stadt, das Bankhaus Monte dei Paschi, in der Krise steckt: Sienas Bürger sind stolz auf ihre Stadt und leben ihre Traditionen.

WAS TUN IN SIENA?

Den schönsten Platz der Welt besuchen
Piazza del Campo ❶, **Palazzo Pubblico** ❷: ▶ S. 74

Auf Streifzug am Domhügel
Propheten, Könige, Heilige – beobachten sie uns, die Besucher, die Bewohner, die moderne Zeit? Zahllose Marmorfiguren schauen vom **Duomo Santa Maria Assunta** ❸ (Piazza del Duomo, So immer geschl., März–Okt. Mo–Sa 10.30–19, Fei 13.30–18, Nov.–Febr. Mo–Sa 10.30–17.30, Fei 13.30–17.30 Uhr, 4 €, bei Offenlegung der Fußbodenbilder 7 €) herab. Die einmalige **Domfassade** schuf ein Bildhauerteam um Giovanni Pisano Ende des 13. Jh. Auch das **Innere des Domes** aus dem 12.–14. Jh. ist reich dekoriert, u. a. mit einem vielfarbigen Marmorboden, der figurenreichen Kanzel von Niccolò Pisano (1266) und der Bronzestatue Johannes des Täufers von Donatello. Im Seitenraum der **Libreria Piccolomini** schilderte der Renaissancemaler Pinturicchio in frischen Farben das Leben Papst Pius' II.

Die **unfertigen Anbauten** südöstlich des Domes stammen von einem gigantischen Bauprojekt. Man wollte die größte Kirche der Welt schaffen, den **Nuovo Domo,** und den bestehenden Dom zu dessen Querschiff ›degradieren‹. Doch die Pest kam 1348 dazwischen. Zwei Drittel der Stadtbevölkerung fielen ihr zum Opfer, was sich negativ auf Wirtschaft und Bautätigkeit auswirkte. Hinzu kamen Probleme mit Statik und Untergrund. Später wurde ein Teil der Gemäuer zum **Museo dell'Opera del Duomo** ❹ (März–Okt. Mo–Sa 10.30–19, So, Fei 13.30–18, Nov.–Febr. Mo–Sa 10.30–17.30, So, Fei 13.30–17.30 Uhr, 8 €) umfunktioniert. Darin leuchtet in intensiven Farben das Altarbild der Maestà von Duccio di Buoninsegna (1311). Vom Museum aus gelangen Sie

---

B BOND

Klappe für James Bond, »Quantum of Solace«, hieß es 2008. Die Dachlandschaft von Siena war Schauplatz einer spektakulären Verfolgungsjagd mit Daniel Craig. Vier Kamerakräne wurden dafür installiert. Man munkelt, die Stadt habe sich 1 Mio. € dafür zahlen lassen.

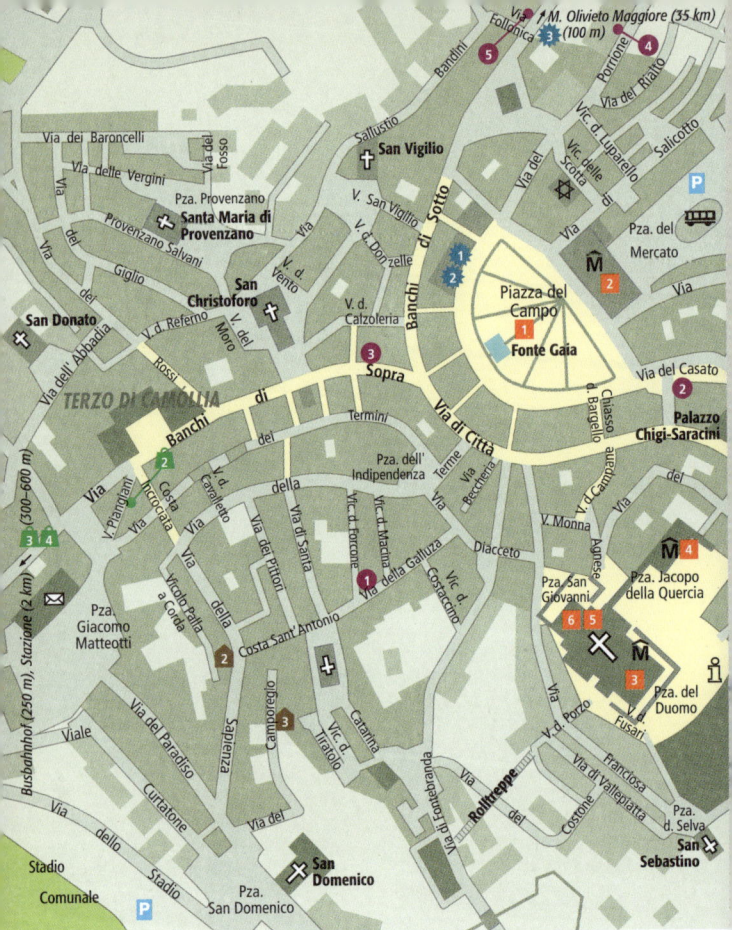

auf die **unfertige Fassade** des Nuovo Domo – Panoramablick!
Hinter dem Dom führt eine Treppe abwärts zur sogenannten **Krypta** 5 (Scale die San Giovanni, Zeiten wie Dommuseum, 8 €). In der lange verschütteten einstigen Vorhalle wurden bei Restaurierungsarbeiten Wandmalereien des 13. Jh. entdeckt.
Im Stützbau unter der Domapsis liegt das **Baptisterium** 6 (Eingang: Piazza San Giovanni, Zeiten wie Dommuseum, 4 €). Sein Taufbecken mit Bronzereliefs von Donatello, Lorenzo Ghiberti, Jacopo della Quercia u. a. gehört zu den schönsten der Renaissance.

MUSEEN, DIE LOHNEN

Meister der Farbe
Pinacoteca Nazionale 7
Die Maler aus Siena bildeten um 1300 eine eigene Schule, die, anders als die Florentiner Schule, mehr an Farbwirkung als an Perspektive interessiert war. Ihre Entwicklung bis zur Renaissance können Sie an den Bildern von Pietro und Ambrogio Lorenzetti, Simone Martini, Sodoma und Domenico Beccafumi verfolgen.
Via di San Pietro 29, www.pinacotecanazionale.siena.it, Di–Sa 8.15–19.15, So/Mo, Fei 9–13 Uhr, 4 €

SIENA

- 4 Museo dell'Opera del Duomo
- 5 Krypta
- 6 Baptisterium
- 7 Pinacoteca Nazionale

In fremden Betten
- 1 Siena in Centro
- 2 Bernini
- 3 Alma Domus

Satt & glücklich
- 1 Grotta di Santa Caterina
- 2 Il Carroccio
- 3 Pasticceria Nannini
- 4 Gallo Nero
- 5 Mare Nostrum

Stöbern & entdecken
- 1 Chiagiana Music Shop
- 2 La Bottega del Consorzio Agrario di Siena
- 3 Mercato Settimanale
- 4 Enoteca Italiana

Wenn die Nacht beginnt
- 1 Ristorante Sansedoni in Birreria
- 2 L'Osteria dei Bigelli
- 3 Bella Vista Social Pub

Sehenswert
- 1 Piazza del Campo
- 2 Palazzo Pubblico
- 3 Duomo Santa Maria Assunta

SCHLEMMEN, SHOPPEN, SCHLAFEN

In fremden Betten

B & B mal drei
Siena in Centro 1

Das älteste B & B Sienas existiert seit 1961. Es ist auf drei historische Gebäude in der Altstadt verteilt. In dem am Domhügel (Casa del Conte) liegt die Rezeption. Die Zimmer sind gemütlich und geschmackvoll eingerichtet.
Rezeption: Via di Stalloreggi 14–16, T 0577 481 11, www.bbsienaincentro.com, DZ/ÜF 65–130 €

Familiär im Zentrum
Bernini 2

Freundliche, familiäre Unterkunft in einem Palazzo des 13. Jh. Eine kleine Gemeinschaftsterrasse bietet einen herrlichen Blick über die Stadt. Die gepflegten Räume sind mit Antiquitäten eingerichtet. Nichtraucher werden bevorzugt.

Gut im Rennen – **die Piazza del Campo**

Der schönste Platz der Welt? Die Sienesen sind überzeugt davon, dass das nur ihre Piazza del Campo sein kann. Seit vielen Jahrhunderten ist sie Zentrum des städtischen Lebens. Und zweimal im Jahr findet hier das Pferderennen Palio statt, das lebendigste Fest der Toscana.

Die Form der Piazza der **Piazza del Campo** [1] ähnelt einer Muschel oder – nach einer anderen, sehr italienischen Interpretation – dem ausgebreiteten Schutzmantel der Madonna. Die ungewöhnliche Anlage hat einen praktischen Grund: Der Platz sollte genau im Mittelpunkt der Stadt liegen. Weil das Terrain abschüssig war, mussten die Stadtplaner nach einer originellen Lösung suchen. Die Muschelform passt sich optimal an das unregelmäßige Gelände an.

Mahnung und Einblick

Die Schönheit ihrer Stadt war für die Sienesen immer von großer Bedeutung. Schon im Mittelalter gab es hier Beamte, die über die Einheitlichkeit und Ordnung der Bauten wachten. Seine harmonische Stadtanlage aus der mittelalterlichen italienischen Gotik hat sich Siena bis heute erhalten. Einen tollen Blick darauf haben Sie, wenn Sie den 102 m hohen Turm des **Palazzo Pubblico** , des Rathauses, besteigen. Auch für das Alltagsleben im Mittelalter gibt es spannende Zeugnisse: Die Fresken der »Guten und Schlechten Regierung« von Ambrogio Lorenzetti (1337–39) in den Innenräumen des *palazzo* zeigen Bauern, Händler, Handwerker, alles in der Kulisse des alten Stadtbilds mit Dom, zahlreichen Geschlechtertürmen und Stadtmauer.

Wo reiten sie denn …?

Auf der Piazza del Campo. Zweimal im Jahr, am 2. Juli und am 16. August, ist der Campo Schauplatz des berühmtesten Festes der Toscana, des **Palio von Siena.** Bei dem Pferderennen kämpfen die historischen Stadtteile, die Contraden, ge-

---

SOZIAL

Die Contraden erfüllen in Siena übrigens viele Zwecke, sie kümmern sich um die Renovierung ihres Stadtteils, pflegen alte Bürger und geben Arbeitslosen vorübergehend Aufgaben. Nicht zufällig hat Siena eine extrem geringe Kriminalitätsrate – der soziale Zusammenhalt ist hier ungewöhnlich groß.

Piazza del Campo #9

Findet der Palio statt, versammeln sich unzählige Zuschauer auf der Piazza del Campo.

geneinander. Kein Sienese steht diesem Ereignis gleichgültig gegenüber! Drei Runden jagen die Reiter um den Platz, das Ereignis dauert nur wenige Minuten. Aber ganz Siena ist in den Wochen davor im Palio-Taumel. Vor dem Rennen findet der historische Kostümumzug statt, die Contraden-Bewohner essen gemeinsam an langen Tafeln auf den Straßen. Das Pferderennen ist nur der Höhepunkt eines gemeinsamen Feierns, das sich über lange Zeiträume erstreckt.

INFOS/ÖFFNUNGSZEITEN
Palio: www.ilpalio.org
Palazzo Pubblico 2: Piazza del Campo, 1. Nov.–15. März tgl. 10–18, 16. März–31. Okt. tgl. 10–19 Uhr, 4 €

KULINARISCHES FÜR ZWISCHENDRIN
Ein gutes Lokal nur ein paar Schritte von der Piazza entfernt ist **Il Carroccio** 2 (Via del Casato di Sotto 32, T 057 74 11 65, Di–Do 12.15–14.45, 19.15–21.45 Uhr, Menü um 35 €). Die vielseitige Küche bietet etwa Radicchio-Risotto mit Pinienkernen und Parmesan oder Huhn mit Steinpilzen und Zucchini.

FÜR LEIB UND SEELE
Ganz in der Nähe finden Sie einen der schönsten Lebensmittel- und Imbissläden der Toscana: **La Bottega del Consorzio Agrario di Siena** 2 (Via Pianigiani 9, www.capsi.it, tgl. 9–17.30 Uhr) ist ein Aushängeschild der traditionsreichen Landwirtschaftskooperative. Eine tolle Gelegenheit, leckere regionale Produkte von Pasta bis Salami zu erwerben und gleich vor Ort zu probieren.

ABENDS AN DER PIAZZA DEL CAMPO
Wenn Sie abends am ›schönsten Platz Italiens‹ sitzen möchten, bieten sich der **Ristorante Sansedoni in Birreria** 1 (Piazza del Campo 58, T 0577 28 44 24, tgl. 8–3 Uhr, Pizza ab 9 €, Fleischgericht ab 12 €) oder **L'Osteria dei Bigell** 2 (Piazza del Campo 60, T 0577 427 72, www.osteriabigelli.it, tgl. 10–2 Uhr, Pizza ab 8 €, Menü um 40 €) an.

Faltplan: E 7 | **Cityplan:** S. 73

Schwarz-weiße Säulenreihen ragen aus dem farbenprächtigen, kunstvoll gestalteten Mosaikboden des Domes Santa Maria Assunta empor.

Via della Sapienza 15, Tel. 0577 28 90 47, www.albergobernini.com, DZ ohne/mit Bad 80/100 €

Fenster auf die Stadt
Alma Domus ❸

In dem renovierten Gebäude, das im Kern aus dem Mittelalter stammt, trockneten früher die sienesischen Wollweber ihre Stoffe. Die Zimmer sind einfach, aber gut eingerichtet. Aus vielen haben Sie einen Panoramablick auf die Altstadt.

Via Camporegio 37, T 0577 441 77, www.hotelalmadomus.it, DZ/ÜF 90–120 €

 Satt & glücklich

Der Jockey als Koch
Grotta di Santa Caterina ❶

In urigen Sälen werden Klassiker der sienesischen Küche serviert. Der Chef Pierino Fagnani, ›Bagoga‹, ist ein ehemaliger Jockey des Palio. Er hat das Rezept des *Gallo indiano* wiederbelebt, ein Truthahnbraten, verfeinert mit den Gewürzen des sienesischen Früchtebrots *panforte*.

Via della Galluzza 26, T 0577 28 22 08, www.ristorantebagoga.it, Di–Sa 12–15, 19–22, So 12–15 Uhr, Menü 25–30 €

Nah der Piazza del Campo
❷: ▶ S. 75

Familienbande
Pasticceria Nannini ❸

Die Sängerin Gianna Nannini ist das berühmteste Familienmitglied, aber in Siena bedeutet Nannini seit über 100 Jahren vor allem: Kaffee, *panforte* und *dolci*.

Via Banchi di Sopra 24, T 0577 23 60 09, www.pasticcerienannini.it, Mo–Fr 7–21.30, Sa/So 7–23.30 Uhr

Historische Leckereien
Gallo Nero ❹

Im Schwarzen Hahn ist alles historisch: das Backsteingewölbe, die mittelalterlich kostümierten Kellner, das Essen nach alten Rezepten. Die Kundschaft ist vorwiegend einheimisch, die ungewöhnlichen Gerichte schmecken exzellent: z. B. die Brennessel-Ricotta-Ravioli oder das Perlhuhn in Vinsanto.

Via del Porrione 65–67, T 0577 28 43 56, www.gallonero.it, tgl. 12–15, 19–22.30 Uhr, Nudelgerichte um 11 €, Hauptgerichte um 15 €

Fisch aus heimischen Netzen
Mare Nostrum ❺

Ein Netzwerk regionaler Lieferanten bringt erste Qualität auf die Tische des

smarten Fischlokals. Die Meerestiere stammen aus dem toscanischen Archipel. Viele kleine Gerichte gibt es auch zum Mitnehmen, wie die *arancini di mare* (Stück 3 €), mit Fisch und Meeresfrüchten gefüllte frittierte Reisbällchen.
Via Pantaneto 55, T 0577 28 07 21, www.marenostrumsiena.com, Mo 12–15, Di–So 12–15, 18.30–23 Uhr, Fischbrote 6–10 €, Hauptgerichte 10–12 €

Stöbern & entdecken

Klassik kompakt
Chigiana Music Shop
Der Laden der Musikakademie Chigiana im schönen Innenhof des Palazzo Chigi Saracini bietet ein reiches Sortiment an CDs, von Gregorianik bis Astor Piazzolla. Auch DVDs, Gadgets, Bücher und edle Faksimileausgaben von Originalpartituren.
Via di Città 89, März–Okt. tgl. 10–18, Nov.–Febr. Sa/So 10–17 Uhr

Für Leib und Seele
2: ▶ S. 75

Wochenmarkt
Mercato Settimanale Siena
Der größte und umfangreichste Wochenmarkt der Südtoscana steigt in Siena auf der Piazza La Lizza und um die Festung Fortezza Medicea herum.
Mi 8–13 Uhr

Wein soweit der Gaumen reicht
Enoteca Italiana
In einer Eckbastion der Medici-Festung werden 1500 verschiedene Weine aus ganz Italien gehandelt; natürlich können Sie alle verkosten. Die *enoteca* gibt einen eigenen italienischen Weinatlas heraus. Das dazugehörige elegante Ristorante Millevini liegt wirkungsvoll unter den Festungsgewölben.
Fortezza Medicea, Piazza Libertà 1, T 0577 151 20 32, www.enoteca-italiana.it, Di–Sa 15–20 Uhr, Millevini: T 0577 24 71 21, www.ristorante millevini.it, Mo–Sa 12.30–15, 19.30–23 Uhr, Pasta 10–12 €, Hauptgerichte 14–16 €

Wenn die Nacht beginnt

Abends an der Piazza del Campo
1, 2: ▶ S. 75

Gute Cocktails
Bella Vista Social Pub
Vor allem der Mojito wird gerühmt, in dieser lebhaften Bar in der Via Pantaneto, Zentrum des studentischen Nachtlebens. Latinomusik ist hier besonders beliebt, nicht selten wird getanzt. An Wochenenden ist es brechend voll.
Via Pantaneto 102, T 0577 22 14 23, Di–So 18–2 Uhr

INFOS UND TERMINE

Informazioni Turistiche: Piazza del Duomo 1, T 0577 28 05 51, www.terresiena.it, tgl. 9–18 Uhr

Termine
Chigiana International Festival & Summer Academy: Juli/Aug., www.chigiana.it/concerti. Konzertreihe der bekannten Musikakademie Chigiana im Palazzo Chigi Saracini und an anderen Stätten der Provinz Siena.
Palio: 2. Juli, 16. Aug., www.ilpalio.org, ▶ S. 74.

Verkehr
Bus: Vom Busbahnhof auf der Piazza Antonio Gramsci und vom Bahnhof

Ein pointiertes Statement lieferte die US-amerikanische Schriftstellerin Mary McCarthy: »Florenz ist eine männliche Stadt; dagegen sind die Kunststädte, die das moderne Empfinden mehr ansprechen, so weiblich wie Venedig und Siena.« Was meinen Sie dazu?

Das Zentrum um das Chiantigebiet ▶ Arezzo

fahren Busse der Siena Mobilità (www.tiemmespa.it) in alle Orte der Provinz Siena. Häufige Verbindungen nach Florenz.
Zug: Vom **Bahnhof** (Piazza Rosselli Carlo) bestehen Zugverbindungen nach Empoli-Florenz, Pisa (Umsteigen in Empoli), Buonconvento, Grosseto, Chiusi.

IN DER UMGEBUNG

Kloster in erodierter Landschaft
In der durch Erosion ausgewaschenen Landschaft der Crete Senesi liegt einsam in einem Zypressenwald 40 km südöstlich von Siena das Benediktinerkloster **Monte Oliveto Maggiore** (📖 F 7; April–Okt. tgl. 9–12, 15–18, Nov.–März tgl. 9.15–12, 15–17 Uhr). Im 15. und 16. Jh. war es eine der bedeutendsten Abteien Italiens. Die Renaissancemaler Luca Signorelli und Sodoma malten den **Kreuzgang** mit Szenen aus dem Leben des hl. Benedikt aus. Bemerkenswert sind auch die alte **Bibliothek** mit ca. 40 000 Bänden und die historische **Klosterapotheke**.

Arezzo 📖 G 6

Touristenmassen? Fehlanzeige. Arezzo ist eine angenehme, lebendige Stadt am Rand des oberen Arnotals. Im Zentrum finden sich noch viele Handwerksbetriebe und schöne Geschäfte, insbesondere die Goldschmiedetradition sorgt für einen gewissen Wohlstand. Auch für Freunde von Antiquitäten ist die Stadt nachgerade ein Muss. Und Kunstfreunde pilgern zu den Fresken von Piero della Francesca, großartige Renaissancekunst in der Franziskanerkirche.

WAS TUN IN AREZZO?

Auf den Spuren großer Künstler
Die **Basilica di San Francesco** 1 (Piazza San Francesco, T 0575 35 27 27, www.pierodellafrancesca-ticketoffice.it, Sommerzeit Mo–Fr 9–19, Sa 9–18, So, Fei 13–18, Standardzeit Mo–Fr 9–18, Sa 9–17.30, So, Fei 13–17.30 Uhr, Anmeldung erforderlich, 8 €) birgt im Chor einen der berühmtesten Freskenzyklen der Renaissance. Piero della Francesca hat 1453–64 die Wände mit der selten dargestellten Kreuzlegende, der Geschichte des Kreuzes Christi, bemalt. Die Szenen sind dramatisch, strahlen aber gleichzeitig eine meditative Ruhe aus.
Um die Ecke zeigt die romanische Kirche **Pieve di Santa Maria** 2 (Corso Italia 7, tgl. 9–12, 16–19 Uhr, Eintritt frei) eine originelle Fassade: ein Rechteck mit vier übereinander gestellten Säulen- bzw. Bogenreihen, eine Struktur die auch – mit drei Reihen – die Außenseite der Apsis aufweist. Auch der Innenraum ist eindrucksvoll. Er wirkt fast wie eine Hallenkirche, fallen die Seitenschiffe als solche doch kaum auf. Auf dem Hauptaltar steht ein schönes Marienbild des sienesischen Malers Pietro Lorenzetti (1320).
Hinter der Kirche liegt der Hauptplatz von Arezzo, die **Piazza Grande**. Vielleicht kennen Sie den Platz aus Roberto Benignis Film »Das Leben ist schön«. Die **Loggia** 3 am oberen Abschluss hat Giorgio Vasari, der Architekt der Uffizien, seiner Heimatstadt gebaut. Den Dom von Arezzo, die **Cattedrale dei Santi Pietro e Donato** 4, am höchsten Punkt der Altstadt schmücken farbige Glasfenster von Guillaume de Pierre de Marcillat aus dem früheren 16. Jh. sowie ein weiteres Fresko von Piero della Francesca, die »Heilige Magdalena« (links kurz vor dem Hauptaltar). Von der **Parkanlage** neben dem Dom können Sie einen schönen Blick auf die Umgebung genießen.

SCHLEMMEN, SHOPPEN, SCHLAFEN

In fremden Betten

Privat zu Gast
San Lorentino 1
Freundliches Bed & Breakfast, das außerhalb der Altstadt gelegen ist. Die

AREZZO

Sehenswert
1. Basilica di San Francesco
2. Pieve di Santa Maria
3. Loggia
4. Cattedrale dei Santi Pietro e Donato

In fremden Betten
1. San Lorentino
2. Casa Volpi

Satt & glücklich
1. Caffè dei Costanti
2. Antica Osteria Agania
3. Il Gelato

Zimmer des Hauses sind ansprechend eingerichtet und im San Lorentino wird Ihnen ein ausgezeichnetes Frühstück serviert.

Via Marco Perennio 67, T 0575 16 11 286, www.sanlorentinohouse.com, DZ/ÜF 60 € (Etagenbad), 70 € (eigenes Bad)

Villa im Park
Casa Volpi 2

Familiär und engagiert geführte Unterkunft in einer Patriziervilla, die etwas außerhalb der Stadt in einem Park liegt. Pluspunkt: Die Casa Volpi hat ein gutes Restaurant.

Ortsteil Le Pietre, Via Simone Martini 29 (3 km vom Zentrum Richtung ›Stadio‹), T 0575 35 43 64, www.casavolpi.it, DZ 75–95 €

Satt & glücklich

Traditionscafé
Caffè dei Costanti 1

Große Spiegel, Stuckverzierungen, Marmorimitate: Das 1805 gegründete Café hat viel seines klassizistischen Charmes erhalten. Außer Süßem und salzigen Snacks gibt es einfache warme Gerichte.

Piazza San Francesco 19/20, T 0575 182 40 75, www.caffedeicostanti.it, tgl. 7.30–2 Uhr, warme Gerichte 6 €

Trüffelspezialitäten
Antica Osteria Agania 2

Gute Traditionsküche in lockerer Atmosphäre. In der Trüffelsaison werden einige

Gerichte mit dem edlen Pilz serviert.
Via Mazzini 10, T 0575 29 53 81, www.agania.
it, Di–So 12–15, 18–22.30 Uhr, Menü ab 24 €

Eis mit Stil
Il Gelato ❸
Eine Institution und eine der besten
Eisdielen in der Toscana!
Via Madonna del Prato 45A, tgl.

 Stöbern & entdecken

Antikes, Goldiges, Stilvolles
Arezzo ist seit Langem ein Zentrum des
Antiquitätenhandels, des Goldschmiedehandwerks und der Herstellung von
Stilmöbeln; die Geschäfte sind in der
gesamten **Altstadt** verteilt.

Für Modebewusste
Elegante Boutiquen und relativ günstige
Modegeschäfte finden Sie vor allem am
Corso Italia.

INFOS UND TERMINE

❶ Infos
Tourist Office Arezzo Valley: Emiciclo
Giovanni Paolo II, T 0575 182 27 70,
www.arezzoturismo.it, Mo–Fr 9–18, Sa/
So, Fei 9–19 Uhr

❶ Termine
Giostra del Saracino: 3. Sa im Juni,
1. So im Sept., www.giostradelsaracino
arezzo.it. Acht Reiter kämpfen bei diesem
farbenprächtigen Turnier mit Lanzen
gegen eine Holzpuppe, den sogenannten
Sarazenen. Die Puppe schlägt mit Bleikugeln unterschiedlich stark zurück.
Arezzo Wave Love Festival: Anfang
Juli, Open-Air-Rockfestival

❶ Verkehr
Bus: Busse von Toscana Mobilità (www.
tiemmespa.it) fahren nach Cortona, Siena
sowie in alle Orte der Provinz Arezzo.
Zug: Arezzo liegt an der Bahnstrecke
Florenz–Rom, häufige Verbindungen ab
Bahnhof (Piazza della Repubblica 1) in
beide Richtungen.

Cortona 🗺 G 7

**Die kleine Stadt hoch am Hang
über dem Chianatal hat eines der
besterhaltenen mittelalterlichen
Zentren der Toscana. Stelle Gassen
und hübsche Plätze laden zum
Bummeln und Verweilen ein. Immer
wieder eröffnen sich Ausblicke in
die Landschaft der Umgebung. Sehenswert sind das Etrusker- und das
Diözesanmuseum mit bemerkenswerten antiken Funden und schönen
Renaissancegemälden.**

WAS TUN IN CORTONA?

Von Aussicht zu Museum zu Aussicht
Die **Piazza Garibaldi** ist ein Balkon
über der südöstlichen Toscana!
Entlang der Berge geht der Blick bis
zu einem Zipfel des Trasimenischen
Sees. Von hier führt die **Via Nazionale** an netten Boutiquen, Cafés und
Galerien vorbei zur zentralen **Piazza
della Repubblica,** wo sich zu allen
Tageszeiten Einheimische und Fremde
treffen. Hier erhebt sich der **Palazzo
Comunale,** das Rathaus mit einer breiten Freitreppe.
Einen Platz weiter stehen Sie vor dem
Etruskermuseum (MAEC, Piazza
Signorelli 9, www.cortonamaec.org,
April–Okt. tgl. 10–19, Nov.–März
Di–So 10–17 Uhr, 10 €). Hauptsehenswürdigkeit ist ein großer etruskischer
Bronzeleuchter mit Reliefs von Musikanten aus dem 5. Jh. v. Chr. Daneben
finden sich ägyptische und römische
Objekte sowie Bilder des in Cortona
geborenen Malers Gino Severini
(1883–1966).
Wenn Sie Ihren Spaziergang in derselben Richtung fortsetzen, gelangen Sie
zum **Domplatz,** der als Aussichtsterrasse endet. Links liegt der kleine
aber feine **Museo Diocesano** (Piazza
del Duomo 1, April–Sept. tgl.10–19,
Okt. Di–So 10–19, Nov.–März Di–So
10–17 Uhr, 5 €). Das Museum zeigt
Meisterwerke toscanischer Maler, z. B.

Das Zentrum um das Chiantigebiet ▶ Cortona

Auch abends ist die Freitreppe am Rathaus ein beliebter Treffpunkt in der Altstadt von Cortona.

von Fra Angelico und Pietro Lorenzetti. Und gegenüber im Dom, an der linken Seite, hat der Barockmaler Pietro da Cortona seiner Heimatstadt ein Weihnachtsbild hinterlassen.

SCHLEMMEN & SCHLAFEN

🏠 Terrasse mit Talblick
Casa Betania
Von Nonnen geführte Unterkunft, Terrasse mit Traumblick, kleiner Garten.
Via Gino Severini 50, T 0575 63 04 23, www.casaperferiebetania.com, DZ ohne/mit Bad 44/48 €, Frühstück 4 €/Pers.

🏠 Nobel im Zentrum
San Michele
Komfortable Räume in einem zentral gelegenen Renaissancebau, freundlicher Service. Im Turmzimmer, einer Suite, genießen Sie eine fantastische Aussicht.
Via Guelfa 15, T 05 75 60 43 48, www.hotelsanmichele.net, DZ/ÜF 100–150 €

🍴 Köstliches im Keller
Taverna Pane e Vino
Legeres Ambiente, eine riesige Weinkarte und ausgezeichnete kleine Gerichte, z. B. Ravioli mit Ricotta und Artischocken oder Kastaniengnocchi mit Trüffeln.
Piazza Signorelli 27, T 0575 63 10 10, www.pane-vino.it, Di–So mittags und abends, Hauptgerichte um 10 €

🍴 Künstlertreff
Osteria del Teatro
An den Wänden des gepflegten Restaurants, das in einem historischen *palazzo* untergebracht ist, hängen Schauspielerfotos, im Hintergrund spielt Opernmusik. Die verfeinerte regionale Küche ist vorzüglich. Es gibt z. B. Nudeln mit Walnuss-Pesto, Safran-Pilz-Risotto, Trüffel- und Wildgerichte.
Via Maffei 2, T 0575 63 05 56, www.osteria-del-teatro.it, Do–Di 12.30–14.30, 19.30–24 Uhr, Menü um 25 €

INFOS

ℹ️ **Info Cortona:** T 0575 63 72 23, Mo–Fr 9–13, 14–18, Sa/So 9.30–13 Uhr

ℹ️ **Bus:** häufige Linienbusse der Etruria Mobilità (www.tiemmespa.it) zum Bahnhof Terontola–Cortona an der Strecke Florenz–Rom

Die südliche Toscana

Hier wird die Toscana noch mal ein paar Takte ruhiger, die Landschaft regelrecht erhaben. Kilometer um Kilometer geht es durch weite Hügel und Felder, vorbei an Zypressenalleen, Bauernhöfen und Weingütern. Mittendrin liegen alte Thermalbäder, Weinorte wie Montalcino und die Renaissancestädtchen Pienza und Montepulciano. Ganz einsame und wilde Natur erleben Sie rund um den Monte Amiata und in den Ebenen der Maremma. Nur an den Stränden ist im Sommer viel los – es sind die schönsten der Toscana!

Die südliche Toscana ▶ Montepulciano

Montepulciano

📖 G 8

Renaissancebauten prägen die schön auf einem Hügelrücken gelegene Kleinstadt. In der Umgebung gedeiht der Vino Nobile, der Edle Wein von Montepulciano.

WAS TUN IN MONTEPULCIANO?

Den Stadthügel erklimmen

Das Stadttor, die **Porta al Prato,** führt in die **Altstadt.** Die Hauptstraße steigt stetig an, vorbei an **Familienpalästen** aus dem 16. Jh. Auch der schöne **Uhrenturm** liegt am Weg, auf dem Pulcinella, die Figur aus der Commedia dell'Arte, die Glocke schlägt. Gegenüber zeigt die Kirche **Sant'Agostino** ihre Travertin-Fassade aus dem 15. Jh. Ein paar Meter weiter, vor der **Loggia** des einstigen Getreidemarktes, biegt links die Via di Voltaia nel Corso ab. Bei der Nr. 27 erreichen Sie den **Caffè Poliziano** (T 0578 75 86 15, www.caffepoliziano.it, tgl. 7–24 Uhr)**,** eines der ältesten und schönsten Kaffeehäuser der Toscana. Den Gästen stehen Spiele und Zeitungen zur Verfügung, von den rückwärtigen Räumen genießen Sie dazu eine fantastische Sicht übers Land.

ÜBRIGENS

Eine Besonderheit für die Toscana: In Montepulciano liegen viele **Weinkeller** mitten in der Altstadt. Der Tuffstein des Hügels wurde schon von den Etruskern durchhöhlt. Diese Räume wurden erweitert und wegen ihres idealen Klimas für die Weinlagerung genutzt. So können Sie den Vino Nobile in der Stadt direkt beim Erzeuger kaufen.

Folgen Sie der Hauptstraße bis zum **Teatro Poliziano,** dann geht es scharf rechts hinauf zur großzügigen **Piazza Grande.** Links liegt der **Dom** aus der Renaissance, dessen Fassade unfertig geblieben ist. Auf dem Hauptaltar steht ein farbenfrohes Bild der Himmelfahrt Mariens von Taddeo di Bartolo aus Siena (um 1400). Die Krönung des Platzes aber bildet das alte Rathaus, der **Palazzo Comunale.** Der Baukörper ist im Stil der Frührenaissance gehalten, der – erklimmbare – **Turm** (tgl. 10–18 Uhr, 5 €) jedoch wirkt mittelalterlich, fast wie eine Miniaturkopie des Florentiner Rathausturms. Kein Wunder, der Architekt Michelozzo kam aus der Hauptstadt. Einen schöneren Rundumblick haben Sie selten: vom Trasimenischen See bis nach Pienza und zum Monte Amiata.

SCHLEMMEN, SHOPPEN, SCHLAFEN

🏠 Aussicht auf die Hügel
Bellavista
Privat vermietete Zimmer unterschiedlicher Qualität, fast alle mit schöner Aussicht. Nr. 6 hat eine herrliche Panoramaterrasse.
Via Ricci 25, T 347 823 23 14, www.camerebellavista.it, DZ 75–110 €

🏠 Mit Fresken geschmückt
L'Agnolo
Noble Zimmer in einem mit Deckenfresken geschmückten *palazzo.* Nur vom etwas beengten Zimmer Nr. 1 ist abzuraten.
Via di Gracciano del Corso 63, T 339 225 48 13, www.lagnolo.com, DZ/ÜF 90 €

🏠 Traumterrasse
Il Riccio
Sympathische Privatunterkunft in einem mittelalterlichen *palazzo* mit Innenhof und Dachterrasse mit Traumblick. Die Zimmer sind geräumig und stilvoll.
Via di Talosa 21, T 0578 75 77 13, www.ilriccio.net, DZ ab 100 €

☕ Herrliches Kaffeehaus
Caffè Poliziano: s. oben links

Die südliche Toscana ▶ Pienza

🍴 Stimmungsvoll
Degli Archi
Feine Küche in gemütlichem Ambiente mit Blick auf den Trasimenischen See: Gnocchi mit Walnuss-Ricotta-Pesto, Perlhuhn in Zwiebelcreme, Schokoladentorte.
Piazzetta San Cristoforo 2, T 0578 75 77 39, tgl. 12–15, 18.30–22.30 Uhr, Menü 35 €

🛡 Ältester Vino-Nobile-Produzent
Cantina Contucci
Knapp unterhalb der Piazza Grande liegt der Eingang zum sagenhaften Kellerreich der Familie Contucci, die seit der Renaissance Weinbau betreibt. Gleich rechts ist eine Probier- und Verkaufsstube. Doch schauen Sie sich ruhig ein bisschen weiter um, oder machen Sie eine Führung mit. Die Höhlenkeller sind beeindruckend!
Via del Teatro 1, T 0578 75 70 06, www.contucci.it, Mo 9.30–12.30, 14.30–18, Di–So 9.30–18 Uhr

INFOS UND TERMINE

ℹ Infos
Informazioni ed Accoglienza Turistica (IAT): Piazza Don Minzoni 1, T 0578 75 73 41, www.prolocomontepulciano.it, Mo–Sa 9–13, 15–-19, So, Fei 9.30–12.30 Uhr

ℹ Termine
Cantiere Internazionale d'Arte: 2. Julihälfte, www.fondazionecantiere.it. Das Festival für zeitgenössische Musik wurde von dem deutschen Komponisten Hans Werner Henze (1926–2012) gegründet. Auch einheimische Musikgruppen und Chöre nehmen teil.
Bruscello: 15. Aug. Bei diesem Kostümfest treten viele Stadtbewohner als Sänger und Schauspieler auf.
Bravio delle Botti: letzter So im Aug. Ein witziges Fest: Die Einheimischen rollen um die Wette riesige Weinfässer die steilen Gassen der Stadt hinauf.

ℹ Verkehr
Bus: Häufig mit Siena Mobilità (www.tiemmespa.it) ab Piazza Pietro Nenni zum Bahnhof Chiusi an der Hauptstrecke Florenz–Rom. Busse nach Pienza und Siena.

Pienza 📍 F 8

Hochkultur trifft Marktdorf: So könnte man die Geschichte von Pienza zusammenfassen. Der Ort in großartiger Lage über dem Orciatal war ursprünglich Zentrum einer kargen Bauernlandschaft. Dann kam ein Renaissance-Papst, um seinen Geburtsort in eine Idealstadt umzubauen (▶ S. 74).

SCHLEMMEN, SHOPPEN, SCHLAFEN

🏠 In fremden Betten

Edel und klösterlich im Ortskern
Relais Il Chiostro di Pienza
Hier wurde ein ehemaliger Franziskanerkonvent sorgfältig renoviert und zu einem schmucken, dazu zentral gelegenen Hotel ausgebaut. Aus vielen Zimmern können Sie eine schöne Aussicht genießen. Bei Buchungen über das Internet lassen sich gute Schnäppchen machen.
Corso Rossellino 26, T 0578 74 84 00, www.relaisilchiostrodipienza.com, DZ/ÜF ab 80 €, je nach Nachfrage

Schlafen im ehemaligen Kloster
Agriturismo Sant'Anna in Camprena
Meditative Stimmung in herrlicher Landschaft! 1996 wurde hier der Film »Der englische Patient« gedreht. Danach wurde das ehemalige Kloster 7 km nördlich von Pienza zum *agriturismo*, mit eigenen Schweinen, Wein und Olivenöl. Die Zimmer sind einfach, aber bequem eingerichtet, mit schönem Blick.
Loc. Sant'Anna in Camprena, T 0578 74 80 37, www.camprena.it, DZ/ÜF ab 90 €

🍴 Satt & glücklich

Typisch toscanisch
Sperone Nudo ❶: ▶ S. 87

Traum von der idealen Stadt – **Pienza**

1405 in dem kleinen toscanischen Dorf Corsignano: Im Haus der Adelsfamilie Piccolomini wird ein Sohn geboren, Enea Silvio, der dem Ort später einen glanzvollen Platz auf der Landkarte sichern wird. Als Papst Pius II. lässt er ihn in Pienza umbenennen und zu einer Idealstadt der Renaissance umgestalten.

Kein Wunder, dass Pius II. dafür seinen Geburtsort wählte. Pienza liegt wunderschön über der weiten Hügellandschaft des Orciatals, mit Blick auf das Vulkanmassiv des Monte Amiata und den Kegelberg von Radicofani. Der heutige Besucher weiß kaum, wohin zuerst blicken: auf das Landschaftspanorama oder die eindrucksvollen Renaissancebauten aus der Zeit des Piccolomini-Papstes.

Tausendsassa, Papst und Träumer

Enea Silvio Piccolomini führte vor seinem Dasein als Papst ein spannendes Leben als humanistisch gebildeter Tausendsassa. Er machte ausgedehnte Reisen durch Europa, interessierte sich für die intellektuellen Strömungen seiner Zeit. Er verfasste historische und geografische Bücher und sogar Liebesgedichte. Erst mit 40 Jahren ließ er sich zum Priester weihen und wurde bereits 1458 zum Papst gewählt. Als Pius II. nutzte er sein Amt, um den Renaissancetraum von der ›idealen Stadt‹ zu verwirklichen. Der Architekt Bernardo Rossellino fertigte die Pläne für den Umbau. Gleichzeitig drängte Pius II. seine römischen Kardinäle dazu, sich an dem Bauprojekt zu beteiligen und *palazzi* in Pienza errichten zu lassen. Auch wenn der Papst und sein Architekt bereits 1464 starben und ihr Unternehmen nicht zu Ende führen konnten: Binnen weniger Jahre machten sie aus Pienza einen Ort, an dem die Träume der Renaissancekultur bis heute in Stein gegossen sind.

Ein Traum wurde wahr

Die wichtigsten Zeugnisse dieser Anstrengung sind an der nach Pius II. benannten **Piazza Pio II**

Alles Käse – Pienza ist nicht nur berühmt für seine Architektur, sondern auch als Hauptstadt der Schafskäseproduktion! Sie können den leckeren würzigen Pecorino überall in der Stadt kaufen. Am ersten Septembersonntag ist ihm sogar ein örtliches Fest, die **Feria del Cacio,** gewidmet: Umzug mit rollendem Käse durch die Stadt und wettkämpferisches Käserollen auf der Piazza Pio II.

Pienza #10

In Pienza wurde der Traum des Piccolomini-Papstes wahr, besonders augenfällig an der Piazza Pio II.

versammelt: Hier stehen der **Dom** 1 mit seiner Renaissancefassade, das **Rathaus** 2 mit eleganter Bogenhalle, außerdem der **Bischofspalast** 3, den Kardinal Rodrigo Borgia (später als Alexander VI. einer der berüchtigtsten Päpste der Geschichte) im Renaissancestil umbauen ließ, weil Pius ihn dazu drängte. Und schließlich der herrschaftliche **Palazzo Piccolomini** 4, entworfen als Familienpalast und Wohnsitz des Papstes. Hier findet sich auch der vielleicht schönste Ort in Pienza: An der Südseite des Palastes öffnen sich **hängende Gärten** zu einem atemberaubenden Blick auf das Orciatal und den Monte Amiata. Tolle Ausblicke haben Sie auch vom Fußgängerweg **Via del Casello** 5 oberhalb der Stadtmauer (Zugang links von der Kathedrale) und von der Promenade **Viale Santa Caterina** 6 (beginnt an der südwestlichen Ecke der Piazza Dante).

INFOS/ÖFFNUNGSZEITEN

Dom 1: tgl. 9–13, 14.45–18 Uhr
Palazzo Piccolomini 4: www.palazzopiccolomini pienza.it, 15. März–15. Okt. Di–So 10–18, 16. Okt.–14. März Di–So 10–16 Uhr, 7. Jan.–11. Febr., 15.–30. Nov. geschl., 7 €

KULINARISCHES FÜR ZWISCHENDRIN

Auch direkt auf der Piazza di Spagna serviert das Lokal **Sperone Nudo** 1 (Via G. Marconi 3, www.speronenudo. it, Di–So 12–22 Uhr) typisch toscanische Küche: hausgemachte Pasta, Pecorino-Platten mit Honig, hochwertige Weine und Nachtische wie kleine Kunstwerke. Antipasti ab 12 €, Pasta ab 10 €, Fleischgerichte ab 15 €.

Faltplan: F 8

Die südliche Toscana ▸ Pienza

Nicht zu Unrecht blickt sie stolz in die Kamera und präsentiert Pecorino de Pienza. In der Piccolomini-Stadt ist diesem Schafskäse sogar ein eigenes Fest gewidmet

Freundliche Trattoria
La Buca delle Fate ❷

Die Feenhöhle ist bei den Einheimischen zu Recht sehr beliebt. Die Gerichte sind lecker und bodenständig: Die typischen toscanischen *pici*, dicke, hausgemachte Spaghetti, gibt es mit allen gebräuchlichen Soßen, sehr lecker mit Wildschwein; die selbst gemachten *gnocchi* schmelzen auf der Zunge!

Corso Rossellino 38/A, T 0578 74 87 72, www.ristorantelabucadellefatepienza.it, Di–So 12.30–14.30, 19.30–21.30 Uhr, Pasta 6–11 €, Hauptgerichte 8–15 €

Mit Gemütlichkeit
Sette di Vino ❸

Inhaber Luciano lässt sich nicht hetzen: Lieber 100 zufriedene Gäste als 300 unzufriedene! Er serviert eine einfache, gute Küche aus besten Zutaten, zu moderaten Preisen. Unschlüssige Gäste berät Luciano gern persönlich.

Piazza di Spagna 1, T 0587 74 90 92, Mo/Di,, Do–Sa 12–14.30, 19.30–21, So 12–18 Uhr, Pasta um 8 €

🛍 Stöbern & entdecken

Pienza ist ein kulinarisches Einkaufsparadies. Entlang der Hauptstraße **Corso Rossellino** reiht sich ein Lebensmittelgeschäft an das nächste. Neben dem **Pecorino di Pienza** gibt es Wurst, getrocknete Pilze, Kräuter, Wein, Olivenöl und Honig. Daneben haben sich einige hübsche Kunsthandwerkläden etabliert.

Recycle-Kunst
RiCreaRe

Aus gebrauchten Materialien Schönes schaffen: Dafür geht der jungen Restauratorin Raffaella Zurlo die Fantasie offenbar nie aus! Alles Unikate, ob Lampen, Spielzeug, Schmuck … In ihrem originellen Laden findet jeder ein Souvenir oder ein Mitbringsel.

Via del Leone 7, T 338 13 08 94, Mo/Di, Do/Fr 10–13, 14.30–18.30, Sa bis 19, Mi, So 10–13 Uhr

🚴 Sport & Aktivitäten

Fahrradverleih
Cicloposse ❶

Marco Tornaghi und Giuliana Mulas sprechen Englisch und bieten hauptsächlich geführte Touren an. Sie verleihen aber auch Tourenräder, Rennräder und E-Bikes. Tourenvorschläge gibt's dazu.

Via I Maggio 27 (3 km Richtung Montpulciano), www.cicloposse.com, Tourenrad 30 €/Tag, 180 €/Woche, Rennrad und E-Bike 35 €/Tag, 210 €/Woche

Heiße Quellen – **Thermalorte am Monte Amiata**

Die Gegend am Vulkanmassiv des Monte Amiata ist eine der unbekanntesten Regionen der Toscana, einsam und wunderschön. Hier können Sie in alten Thermalbädern relaxen, durch kleine Dörfer wandern und die Ruhe unberührter Wälder genießen.

Pool im Fels

Den winzigen Heilkurort **Bagno Vignoni** 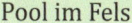 kennen Sie vielleicht aus dem mystischen Film »Nostalghia« (1983) von Andrej Tarkowskij. In dem von historischen *palazzi* umgebenen Schwimmbecken mitten im Dorf, das im Film zu sehen ist, darf man heute allerdings nicht mehr baden. Gelegenheit dazu gibt es aber in Bagno Vignoni und den Badeorten der Umgebung genug. So bieten in Vignoni selbst der **Albergo Le Terme** und das Hotel **Posta Marcucci** Bäder und Behandlungen. Sie können auch einfach, wie viele Einheimische, die Beine im Bach baumeln lassen, der ins Orciatal hinunterfließt. Ideal für Romantiker ist der künstlich angelegte **Felsenpool** unterhalb des Ortes. Helfen soll das schwefelhaltige, leicht radio-

Woran denken Sie bei dem Wort Nostalgie? Vermutlich an vergangenen Zeiten. Im Russischen und im Italienischen ist die Konnotation etwas anders. Hier bezieht sich *nostalgia* (bzw. der Titel des Tarkowskij-Films) auf die Sehnsucht nach Menschen oder Orten, die man vermisst – was natürlich eine Sehnsucht nach Vergangenem beinhaltet.

Bekannt aus Film und Fernsehen, könnte man sagen: das Schwimmbecken mitten in Bagno Vignoni.

#11 Thermalorte am Monte Amiata

Wellness pur lässt sich in einem Spa in Bagno Vignoni genießen.

aktive Heilwasser bei Atemwegserkrankungen, rheumatischen und arthritischen Beschwerden.

Idylle am Vulkan

Ein Thermalhotel in einem großen Garten, ein paar Häuser drumherum, eine Bar, eine kleine Pizzeria – in **Bagni di San Filippo** 2 herrscht völlige Ruhe. Und die heißen Quellen helfen gegen (fast) alles: Rheuma, Asthma, Haut- und Atemwegserkrankungen … Besonders schön sind im Wald versteckte Naturbadewannen. Ein schmaler Pfad führt vom Dorf zum landschaftlichen Höhepunkt, einer großen Steinkaskade aus weißen Kalkablagerungen.

> **→ UM DIE ECKE**
>
> Ganz in der Nähe der Badeorte, bei Seggiano, hat der Schweizer Pop-Art-Künstler Daniel Spoerri 1990 einen Skulpturenpark gegründet, den **Giardino di Daniel Spoerri** 3 (Seggiano, T 0564 95 08 05, www.danielspoerri.org, Ostern–Juni, 15. Sept.–Okt. Di–So, Juli–15. Sept. tgl. 11–20 Uhr, 10 €). In großartiger Landschaft stellt er eigene Werke und die befreundeter Künstler aus, etwa von Jean Tinguely, Eva Aeppli und Jesús Rafael Soto.
>
> Auch **Waldwanderungen** lassen sich von beiden Badeorten aus gut in Angriff nehmen. In den Orten weisen Schautafeln auf Wanderwege in der Vulkanlandschaft des **Monte Amiata** 1 hin (s. auch ▶ S. 92).

Thermalorte am Monte Amiata *#11*

INFOS/ÖFFNUNGSZEITEN

Bagno Vignoni 1
Benessere Le Terme: Albergo Le Terme, Via Sorgenti 13, T 0577 88 71 50, www.termedibagnovignoni.it, Mo–Do 8–19.30, Thermalbad/Sauna halber Tag 28 €, Fr–So 8–23.45 Uhr, halber Tag 38 €

Schwimmbad Hotel Posta Marcucci: Via Ara Urcea 43, T 0577 88 71 12, www.postamarcucci.it, April–Okt. Fr–Mi 9.30–18, 27 €, Nov.–März Fr–Mi 10–17 Uhr, 20 €, ab 14 Uhr 20/15 €. Unser Lieblingsbad – hier haben Sie im luxuriösen Außenbadebereich eine grandiose Aussicht auf Hügel und Zypressen.

Bagni di San Filippo 2
Schwimmbad Hotel Terme San Filippo: Via San Filippo 23, T 0577 87 29 82, www.termesanfilippo.com, Ostern–Okt. Mi–So 9–19, Mo 9–17 Uhr, 12 €, ab 15 Uhr 9 €, Sa/So 14/11 €

IN FREMDEN BETTEN

Zum Übernachten bietet sich in **Bagno Vignoni** 1 der **Albergo Le Terme** (▶ Benessere Le Terme, DZ/ÜF 120–200 €) an. Ein angenehmes Hotel am historischen Pool mit guter Küche, Garten, Therme und Wellnessangebot. Alternativ logieren Sie in der **Locanda del Loggiato** (Piazza del Moretto 30, T 0577 88 89 25, www.loggiato.it, DZ/ÜF 90–130 €) in den stilvoll restaurierten Zimmern eines historischen *palazzo*.
In **Bagni di San Filippo** 2 liegt das **Hotel Terme San Filippo** (s. Schwimmbad Hotel Terme San Filippo, DZ/ÜF ca. 80–90 €) in einem großen Park. Es bietet ebenfalls eine Therme und Wellness.

KULINARISCHES FÜR ZWISCHENDRIN

Originelle, regionale Küche bietet die **Osteria del Leone** in Bagno Vignoni 1 (Via dei Mulini 3, T 0533 88 73 00, Di–So 12–14.30, 19.30–22.30 Uhr, Hauptgerichte ab 14 €).

Faltplan: F 8–9

Die südliche Toscana ▶ Montalcino

INFOS

❶ **L'informaturista:** Pza. Dante Alighieri 18, T 0578 74 83 59, www.ufficioturisticodipienza.it, Mitte März–Okt. tgl. 9.30–13, 15–18.30, Nov.–Mitte März Mo–Fr 10–13, Sa/So, Fei 10–13, 15–18 Uhr

❶ **Bus:** mit Siena Mobilità (www.tiemmespa.it) ab Via San Gregorio (nahe ENI-Tankstelle) nach Montepulciano und Siena (Mo–Sa 6 x tgl., ca. 90 Min. Fahrtzeit)

IN DER UMGEBUNG

Ein Wald für Philosophen
Am Ortsrand von **San Giovanni d'Asso**, ca. 19 km nordwestlich von Pienza, hat der US-amerikanische Künstler Sheppard Craige den **Bosco della Ragnaia** (📖 F 7) geschaffen. Bewachsene Steintafeln mit Fragen und Sprüchen liegen zwischen verwunschenen Skulpturen im Schatten von Eichen und Zypressen.
SP 60/A, www.laragnaia.com, März–Nov. Sonnenaufgang bis Sonnenuntergang, Eintritt frei

Heiße Quellen
Thermalorte am Monte Amiata:
▶ S. 89

Wandern am Monte Amiata
Landschaft und Klima am bis zu 1738 m hohen vulkanischen Bergmassiv des Monte Amiata sind eher rau. Im Winter liegt viel Schnee, im Sommer ist es kühler als in der Ebene. Dafür finden Sie hier fast unberührte Natur, hübsche Ortschaften, vorzügliche Landküche – und eine vielfach fast unwirkliche Ruhe. Besonders schön ist der gut markierte Rundweg **Anello del Monte Amiata** (ca. 30 km; www.monte-amiata.eu/deutsch/monte-amiata-toskana-natur-wandern.asp), durch ausgedehnte Kastanien- und Buchenwälder. Im Mai und Juni blühen unzählige Blumen, von Mitte Oktober bis Mitte November strahlen die Hänge im Glanz des Herbstlaubs. Aber auch auf **kürzeren Wanderungen**, teils direkt von den Thermalorten (▶ S. 89) aus, lässt sich die Bergwelt erleben.

Montalcino 📖 F 8

Die mittelalterliche Kleinstadt in herrlicher Panoramalage ist vor allem durch den Brunello bekannt, einen der teuersten italienischen Rotweine. In der gemütlichen Altstadt können Sie herrlich bummeln, Lokale laden zur Einkehr ein. Und Sie können von Montalcino aus wunderbar wandern und ein mittelalterliches architektonisches Schmuckstück ganz in der Nähe bewundern (▶ S. 95): die Klosterkirche Sant'Antimo.

Er hat den Namen des Städtchens in die Welt getragen: der Brunello di Montalcino.

Die südliche Toscana ▶ Montalcino

WAS TUN IN MONTALCINO?

Von Weinstube zu Weinstube ziehen
Am schmalen Hauptplatz, der **Piazza del Popolo**, ist das alte Rathaus, der **Palazzo dei Priori**, mit seinem schlanken Glockenturm das Wahrzeichen des Städtchens. Davor breitet sich die historische Weinstube **Fiaschetteria Cantina del Brunello** (tgl. 7.30–24 Uhr) bis auf den Platz aus. 1888 gegründet, hat sie mit ihren Spiegeln und roten Plüschsitzen ihren Charme bis heute bewahrt. Hier können Sie Brunello glasweise probieren oder auch einen *caffè* trinken.
Über die **Piazza Garibaldi** mit ihren **Weinhandlungen** führt der Weg zur **Fortezza**, der Festung am Südrand der Altstadt. Sie entstand im 14. Jh., doch ihre bedeutendste Zeit begann 1555: Nach dem Fall der Republik Siena verschanzten sich hier geflüchtete sienesische Adelige für vier Jahre vor den kaiserlichen Truppen – und gründeten eine Exilrepublik. Heute hat die **Enoteca La Fortezza** (www.enotecalafortezza.com, tgl. 9–20 Uhr) den dicksten Eckturm eingenommen. In der bestsortierten Weinhandlung Montalcinos können Sie Brunello verkosten und auch etwas essen. Zum Ausnüchtern bietet sich eine Runde auf dem **Wehrgang** (durch die Enoteca zu besteigen, Di–So 9–18 Uhr, 4 €) an. Das Panorama ist atemberaubend!

SCHLEMMEN, SHOPPEN, SCHLAFEN

🏠 In fremden Betten

Eine Liste zahlreicher Privatvermieter erhalten Sie bei der Touristeninformation.

Gepflegter Palazzo
Dei Capitani
Schönes Hotel in einem historischen *palazzo*. Eckzimmer 306 ist besonders hübsch! Gartenterrasse und Pool.
Via Lapini 6, T 0577 84 72 27, www.deicapitani.it, DZ/ÜF ab 100 €

Der Name Brunello kommt von *bruno*, braun. Er bezeichnet im lokalen Dialekt die recht dunkle Sangiovese-Traube. Der Wein muss mindestens zwei Jahre im Eichenfass reifen und darf erst nach fünf Jahren in den Verkauf. Sein kleiner Bruder ist der Rosso di Montalcino, einfacher ausgebaut, jünger trinkbar und günstiger zu haben.

Blick auf die Hügel
Il Giglio
Kleines, nett eingerichtetes Altstadthotel. Die Zimmer zur Rückseite bieten eine wunderbare Aussicht, Nr. 1 hat eine Panoramaterrasse.
Via Soccorso Saloni 5, T 0577 84 81 67, www.gigliohotel.com, DZ/ÜF 145 €

🍴 Satt & glücklich

Raffiniert
Il Giglio
Im Restaurant des gleichnamigen Hotels lässt sich sehr gut essen, zudem bietet sich Ihnen eine schöne Aussicht aufs Tal.
Adresse s. o., Mi–Mo ab 19.30 Uhr, Hauptgerichte um 14 €

Bohnen, Wildschwein, Cantuccini
Re di Macchia
In angenehmer Atmosphäre gibt es toscanische Gerichte und gute Weine.
Via Soccorso Saloni 21, T 0577 84 61 16, Fr–Mi 12–14, 19–21 Uhr, Menü um 25 €

Dolce Vita
Pasticceria Mariuccia
Köstlich diese Eigenkreationen! Mariuccia Fineschi gründete 1935 die Konditorei, ihre Kinder und Enkel zaubern auch heute hervorragendes Gebäck und Pralinen, z. B. die mit Grappa, Zabaione oder Haselnuss gefüllten *cioccolattoni*.
Piazza del Popolo 29, T 0577 84 93 19, www.pasticceriamariuccia.it, Di–So

Natur pur – **wandern in der südlichen Toscana**

Intakte Natur, weite Panoramen, alte Dörfer und Städte, dazu im Frühsommer die Farben von Mohn, Ginster und Orchideen: In der Toscana lässt sich wunderbar wandern. Die schönsten Wege sind allerdings nicht immer leicht zu finden. Anders die gut markierte Tour von Montalcino nach Sant'Antimo!

Lange Zeit war Wandern in Italien, zumindest außerhalb der Gebirgsregionen, schwierig. Das hat sich geändert. Inzwischen gibt es in der Toscana viele markierte Wege. Trotzdem: Aufs Geratewohl loszugehen, ist nicht empfehlenswert! Sie riskieren, stundenlang auf langweiligen Schotterstraßen zu marschieren und sich irgendwann doch zu verlaufen. Wer die Toscana zu Fuß erleben will, packt besser einen Wanderführer ein.

Wandern mit roman(t)ischem Ziel

Die schöne Wanderung von Montalcino zur Klosterkirche Sant'Antimo finden Sie auch ohne Wanderbuch. Der Weg ist gut markiert; unterwegs genießen Sie weite Ausblicke über die Hügellandschaft der Südtoscana und den Vulkankegel des Monte Amiata. Und am Schluss gelangen Sie zu einem der schönsten romanischen Bauten der Region, der Klosterkirche von Sant'Antimo.

In **Montalcino** geht es am oberen Ortsrand unterhalb der Festung los. Sie schlagen hier die Straße in **Richtung Grosseto** ein, biegen nach wenigen Metern nach rechts in die **Via del Poggio** und passieren den **Friedhof**. Ab hier ist der Weg markiert. Sie folgen ihm auf und ab, mit schönen Blicken auf Montalcino. Etwa 100 m hinter einem Anwesen (mit einem Schild »Vendita diretta vino«) aufpassen: Die Markierungen weisen auf einen schmalen Pfad nach links. Durch ein Wäldchen kommt man zu dem großen Anwesen **Il Poggiolo**. Weiter geht es bis zu einem Sträßchen, hier nach links aufwärts und bald wieder

Wanderführer und Karte sollten Sie definitiv dabeihaben, wenn Sie in der Toscana auf Wanderschaft gehen möchten.

Wandern in der südlichen Toscana #12

nach links auf einen Weg, der – nochmals die Straße überquerend – schließlich die **Hauptstraße Montalcino–Grosseto** erreicht. Sie folgen ihr kurz nach rechts, biegen dann nach links in einen breiten Fahrweg zum Weiler **Villa a Tolli.** Immer der Markierung folgend, halten Sie sich am Dorfrand links und biegen nach 10 Min. an einer Gabelung vor einem **Weingut** wieder nach links. Nun beginnt der Abstieg in Richtung Sant'Antimo, das bald unterhalb sichtbar wird.

Klösterliche Abgeschiedenheit

Einsam liegt die romanische **Abbazia di Sant'Antimo** 1 aus dem 12. Jh. 1 km nördlich von Castelnuovo dell'Abate in einem kleinen Tal inmitten von Feldern, Olivenhainen und Weinbergen. Eine große Zypresse flankiert den quadratischen Glockenturm. Genießen Sie den malerischen Anblick! Im Inneren wartet noch eine Überraschung: reicher Skulpturenschmuck an den Kapitellen, vermutlich von französischen Künstlern geschaffen.

Wer nicht denselben Weg zurücklaufen möchte, hat unter der Woche die Möglichkeit von Castelnuovo aus mit dem Bus zurück nach Montalcino zu fahren (s. u.)

▶ **INFOS & LESESTOFF**

Der Führer **Wandern in der Toscana** der Reihe DuMont aktiv stellt 35 Toscana-Touren vor, von einfachen Wegen bei Florenz und San Gimignano bis zu Fernwanderungen quer durch die Region. Ausführliche Informationen bietet www.italienwandern.de.

INFOS/ÖFFNUNGSZEITEN

Wegmarkierung: rot-weiß, Weg Nr. 2
Abbazia di Sant'Antimo 1: www.antimo.it, April–Okt. tgl. 10–19, Nov.–März tgl. 10–17 Uhr, 6 € (inkl. Videoguide)

KULINARISCHES FÜR ZWISCHENDRIN

Am Ende der Wanderung können Sie in netter Atmosphäre in der **Trattoria Basso Mondo** 1 (T 0577 835619, Di–So, Menü um 25 €) in **Castelnuovo dell'Abate** zu Mittag essen und ein Glas Wein trinken. Der Besitzer ist ein renommierter Winzer, die Weine (auch der preiswerte Hauswein) sind vorzüglich!

Faltplan: F 8 | **Start–Ziel:** Montalcino–Castelnuovo dell'Abate | **Gehzeit:** 3 Std. | **Bus:** Castelnuovo dell'Abate–Montalcino Mo–Fr 14.25, 16.55, Sa 14.25, 15 Min.

Die südliche Toscana ▶ San Vincenzo

 Stöbern & entdecken

Von Weinstube zu Weinstube ziehen
🏠–🏠: ▶ S. 93

 Sport & Aktivitäten

Mountainbike-Touren
Orso on Bike
Erfahrene Radführerinnen leiten Mountainbike-Touren rund um Montalcino und im Orciatal. Mit gastronomischen Stopps! Von leicht (22 km) bis schwer (61 km).
T 347 05 35 638, www.bikemontalcino.it

Natur pur
Wandern in der südlichen Toscana:
▶ S. 94

INFO'S UND TERMINE

❶ Infos
Informazioni ed Accoglienza Turistica (IAT): Costa del Municipio 1, T 0577 84 93 31, www.prolocomontalcino.com, Mai–Okt. tgl. 10–19 Uhr

❶ Termine
Sagra del Tordo: letztes Oktoberwochenende. Ein schöner Fackelzug, historische Umzüge, Bogenschießen und andere Wettkämpfe zwischen den Stadtteilen kennzeichnen das Fest.
Festival Jazz and Wine: Juli
Festival della Val d'Orcia: 1. Augusthälfte. Theaterfestspiele.

❶ Verkehr
Bus: gute Verbindungen mit Siena Mobilità (www.tiemmespa.it) nach Siena

San Vincenzo 🗺 C 8

Der Badeort liegt im Zentrum der Riviera degli Etruschi mit ihren ausgedehnten Sandstränden und schönen Pinienwäldern. Von hier lassen sich schöne Ausflüge in das hügelige Hinterland unternehmen, z. B. nach Suvereto, Campiglia Marittima oder Castagneto Carducci.

SCHLEMMEN, SCHLAFEN, SCHWIMMEN

🏠 Meerblick inklusive
Sabbia d'Oro
Gut geführtes, ruhiges Vier-Sterne-Hotel mit eigenem Strand. Aus den schönen Balkonzimmern blicken Sie aufs Meer.
Via della Repubblica 38, T 0565 70 13 32, www.hotel-sabbiadoro.it, DZ/ÜF 150–250 €, je nach Saison

🍺 Für Bierfans
Brandibirra
Einfaches Allround-Lokal, von Pizza bis zu Frittiertem. Aus dem Angebot heraus ragt die riesige Bierauswahl von Craft-Bieren oder internationalen Marken.
Via Colombo 7, T 0565 70 55 31, tgl. 12–15, 18–24 Uhr, mittlere Preisklasse

🍺 Gute Hausmannskost in San Giusto
Da Zi' Martino
Trattoria mit regionalen Gerichten und von Hand gemachten Nudeln: z. B. Bandnudeln in Kaninchensoße, Wildschweinbraten, gebratene Taube u. a.
Ortsteil San Giusto 262, 2 km unterhalb von Castagneto Carducci (11 km nordöstlich von San Vincenzo), T 0565 76 60 00, www.zimartino.com, Di–So 12.15–14.30, 19.15–21.30 Uhr, Menü ab 22 €

🍺 Klassische Küche in Castagneto Carducci
Da Ugo
Klassische toscanische Küche auf ausgezeichnetem Niveau. Teigwaren mit Pilzen, Kalbfleisch, Kaninchen, Perlhuhn – alles wird liebevoll zubereitet und freundlich serviert. Hervorragende Weinauswahl.
Via Pari 3a, Castagneto Carducci (13 km nordöstlich nördlich von San Vincenzo), T 0565 76 37 46, Di–So mittags, abends, Zeiten nach Saison variabel, Menü um 30 €

🏖 Strände und Pinienwald
Im Ort und der gesamten Umgebung erstrecken sich breite **Sandstrände**, die

Die südliche Toscana ▶ Massa Marittima

meist durch Pinienwald vom Hinterland abgeschirmt sind. Landschaftlich reizvoll, aber an schönen Wochenenden von italienischen Ausflüglern überlaufen, ist der kleine **Golfo di Baratti** (📖 B 8; s.. unten). Für Kinder besonders geeignet sind die flachen **Strände von Marina di Castagneto-Donóratico** (📖 C 7).

INFOS UND TERMINE

❶ **Ufficio turistico San Vincenzo:** Via della Stazione 17, T 0565 70 15 33, www.costadeglietruschi.it, Ostern–Mai tgl. 9.30–12.30, 16–19, Mai Mi–Mo 9.30–12.30, 17–20, Juni tgl. 9.30–12.30, 17–20, Juli/Aug. tgl. 9–13.30, 17–21.30, Sept. Mi–Mo 9.30–12.30, 16–19, Okt. Sa/So 9.30–12.30, 16–19 Uhr

❶ **Zug:** San Vincenzo liegt an der Hauptbahnstrecke Genua–Rom, gute Bahnverbindungen in alle Orte der Küste.

IN DER UMGEBUNG

Baden und Etruskergräber schauen
15 km südlich von San Vincenzo liegt der **Parco archeologico di Baratti e Populonia** (📖 B–C 8). Der **Golfo di Baratti** (s. auch oben) ist eine weit geschwungene Bucht mit Pinien, Fischerbooten und wenigen Häusern. Direkt am Meer stoßen Sie auf eine Etruskernekropole mit bis zu 3000 Jahre alten Gräbern: die **Gräberstadt von Populonia** (www.parchivaldicornia.it, April/Mai–Okt. 10–18 / Ausgrabungen nur Sa/So, Fei, Juni Di–So 10–19, Juli/Aug. tgl. 9.30–19.30, Sept. Di–So 10–18 Uhr, 10 €).

Massa Marittima 📖 D 8

Die alte Bergbaustadt liegt in einsamer Landschaft am Rand der Colline Metallifere, der Metallhügel. Seit der Etruskerzeit wurden dort Kupfer und Silber abgebaut;

In den Seitengassen erleben Sie ein wenig toscanischen Alltag – auch wenn Sie kein Gemüse benötigen.

1985 wurde die letzte Zeche geschlossen. Das historische Zentrum ist klein, aber sehr hübsch.

WAS TUN IN MASSA MARITTIMA?

Mittelalterliche Bauten bewundern
Der unregelmäßige Zuschnitt der **Piazza Garibaldi** macht ihren besonderen Reiz aus, wuchtig wirken die mittelalterlichen Gebäude: die Rathäuser **Palazzo Pretorio** und **Palazzo Comunale** aus dem 13. Jh. Die Bogenhalle **Logge del Comune** stammt aus dem 19. Jh., wurde aber geschickt im Stil des Mittelalters errichtet. Die Fassade des **Domes** (13. Jh.) mit ihren fein gearbeiteten Bögen, Säulen und Skulpturen wirkt fast wie ein Gewebe aus Stein. Im Inneren des Domes verdient rechts ein schöner Taufbrunnen mit Figurenreliefs einen Blick.

Bummel im historischen Zentrum
Danach können Sie auf der **Via della Libertà**, der durchs historische Zentrum führenden Hauptgasse, bis zur **Piazza Cavour**, dem ehemaligen Wohngebiet der Handwerker und Arbeiter, schlendern.

Auf Steigers Spuren
In der anderen Richtung liegt der **Museo della Miniera** (Via Filippo Corridoni,

Die südliche Toscana ▶ Castiglione della Pescaia

T 0566 90 22 89, www.coopcollineme
tallifere.it, April–Okt. April–Okt. 10–13,
15–18, Nov.–März 10–12, 15–16.30,
nur mit Führung/jede Stunde, 5 €, Dauer
30 Min. Auf geführten Rundgängen durch
den rekonstruierten modernen Bergwerk-
schacht sehen Sie Werkzeuge, Maschinen
und eine Mineraliensammlung mit den
Gesteinsarten der Gegend.

SCHLEMMEN, SCHLAFEN, RADELN

🏠 Blick übers Land
Il Girifalco
Aus den hinteren Zimmern blickt man
schön übers Land.
Via Massetana Nord 25, T 0566 90 21 77,
www.ilgirifalco.com, DZ/ÜF 55–130 €, je nach
Ausstattung

🏠 Im Zentrum
Il Sole
Das komfortabelste Haus der Stadt liegt
im alten Zentrum. Besser die ruhigeren
Zimmer nach hinten reservieren!
Via della Libertà 43, T 0566 90 19 71, www.
hotelilsolesrl.it, DZ 70 €

🍴 Gemütlich
Osteria da Tronca
Freundliches Lokal mit guter regionaler
Küche und interessanter Weinkarte.
Vicolo Porte 5, T 0566 90 19 91, Do–Di
12.30–14, 19–22 Uhr, Okt.–März nur abends,
Menü um 30 €

🚴 Radverleih
Podere Massa Vecchia
Der ehemalige Radrennfahrer Ernst
Hutmacher betreibt ein Bike Hotel und
verleiht aber auch Qualitätsräder (30 €/
Tag) und gibt Routentipps.
unterhalb des Ortszentrums, Zufahrt von der
Umgehungsstraße Follonica–Siena, T 0566 90
38 85, www.massavecchia.it, tgl. 8–13 Uhr

INFO'S UND TERMINE

ℹ️ Ufficio Turistico: Via Todini 3,
T 0566 90 27 56, www.altamaremma
turismo.it, 10–13, 16–19 Uhr

ℹ️ Balestra del Girifalco: So nach
dem 20. Mai und 2. So im Aug. Die Bewohner von Massa Marittima hängen so
an ihrem Ortsfest, dass sie es zweimal
im Jahr feiern: den Wettkampfvon Arm-
brustschützen in historischen Kostümen.

ℹ️ Bus: Toscana Mobilità (www.tiemme
spa.it) fährt oft nach Grosseto und Siena.

Castiglione della Pescaia D 9

**Einer der angenehmsten Badeorte
an der toscanischen Küste: breite
Strände, kurze Wege, ein hübsches
altes Ortszentrum mit Burgberg
und Unterstadt und gute Unterkünfte. Außerhalb der Saison ist es
angenehm ruhig. Bis in den Oktober können Sie hier gut baden.**

SCHLEMMEN, SHOPPEN, SCHLAFEN

🏠 Gepflegt
Albergo Aurora
Engagiert geführtes Haus mit gepflegten
Zimmern. Der Chef spricht gut Deutsch.
Via Fratelli Bandiera 19, T 0564 93 37 18, www.
aurora-albergo.it, geöffnet März–Okt., DZ/HP je
nach Saison 100–160 €

🏠 Mit schöner Aussicht
Miramare
Angenehmes Haus in Strandnähe – die
teureren Zimmer zur Meerseite sind
eindeutig zu empfehlen!
Via Veneto 35, T 0564 93 35 24, www.hotel
miramare.info, je nach Saison DZ/ÜF mit Meerblick
110–240 €, ohne Meerblick 84–192 €

🍴 Musikalischer Wirt
Taverna nel Buco
In dem kleinen Lokal auf dem Burgberg
herrscht immer Stimmung. Der Wirt
macht gern Musik, das Essen kommt
dabei aber keineswegs zu kurz.
Via del Recinto 11, T 0564 93 44 60, Mo–Fr
18–24, Sa/So 12–14.30, 18–24 Uhr, Hauptgerichte ab 14 €

Die südliche Toscana ▶ Grosseto

Um schöne, nicht überlaufene Sandstrände zu finden, müssen Sie u. U. einen Fußweg in Kauf nehmen, z. B. wenn Sie zur Cala Violina zwischen Follonica und Castiglione della Pescaia möchten.

Sandstrände

Im Ort und in der näheren Umgebung gibt es gute, im Frühjahr und Herbst meist einsame Sandstrände. Die meisten sind durch **Strandbäder** zugänglich, die kleiner und familiärer sind als in Viareggio (Sonnenschirm / 2 Liegen 10–35 €/Tag je nach Bad und Saison).

INFOS

❶ **Informazione ed Accoglienza Turistica (IAT):** Piazza Garibaldi 6, T 0564 93 36 78, www.turismocastiglionedellapescaia.it, April/Mai Mi–Mo 9–13, 15–19, Juni–Sept. tgl. 9–21, Okt. Mi–Mo 9–12.30, 15–18, Nov.–März Di–So 10–16 Uhr. Das Infomaterial deckt die gesamte Provinz Grosseto ab.

❶ **Bus:** mit Toscana Mobilità (www.tiemmespa.it) häufig nach Grosseto an der Bahnlinie Rom–Pisa

Grosseto   D–E 9

Die Provinzhauptstadt in der Maremma ist nicht sonderlich aufregend. Sie hat einen Stadtmauerwall und einige hübsche Plätze und Gassen. Die Landbevölkerung kommt gerne zum Shoppen her, denn in der einsamen Umgebung gibt es kaum Geschäfte. Aus dem Umland kommen auch die Fundstücke im archäologischen Museum.

WAS TUN IN GROSSETO?

Im Zentrum unterwegs

An der weiten **Piazza Dante** ist das Mittelalter nur vorgetäuscht: Das Verwaltungsgebäude **Palazzo della Provincia** ist eine Imitation der Jahrhundertwende – kurz vorher war der echte mittelalterliche Palast an selber Stelle abgerissen worden! Selbst der **Dom San Lorenzo** (Piazza del Duomo) hat nur noch wenige alte Bauteile, seine Fassade stammt von 1845. In der Hauptstraße **Corso Giosuè Carducci** konzentrieren sich die meisten Geschäfte des Zentrums.
Wenn Sie einen Blick auf die etruskischen und römischen Fundstücke aus der antiken Stadt Roselle werfen möchten: Begeben Sie sich kurz auf Abwege und

Unberührte Küste – der Naturpark der Maremma

Die Küste südlich von Grosseto ist einzigartig. Nirgendwo sonst in der Toscana können Sie so unverfälscht erleben, wie die Küste vor der touristischen Erschließung aussah. Die Maremma ist Natur pur – Wind, Wasser, Strand und Buschwald – und kein bewohntes Haus auf 70 km².

Duftend, knorrig, blühend – Macchia

Der Höhenzug, der den größeren Teil des Naturparks einnimmt, ist vom mittelmeerischen Buschwald, der **Macchia**, bedeckt: mit duftenden Kräuter und knorrigen Steineichen, Mastix-Pistazie und Erdbeerbaum, Rosmarin, Lorbeer, Myrte und den wie chinesische Papierblumen wirkenden Zistrosen. Hauptblütezeit ist im Mai und Juni. In dieser Zeit duftet und blüht der Park besonders schön. In Ufernähe stehen ausgedehnte **Pinienwälder.** Zahlreiche **Wasservögel** überwintern im Park; viele **Vögel und Säugetiere** leben immer hier, etwa Fischadler, Reiher, Regenpfeifer, Stachelschweine und Wildkatzen.

Wege im Park

Die Orientierung im **Parco Naturale della Maremma** ist einfach. Im **Besucherzentrum** 1 am Parkeingang in Alberese ist eine Kartenskizze mit Wanderwegen erhältlich. Per **Shuttlebus** geht es zum **Startpunkt** unserer Wanderung, der **Haltestelle Pratini.**

Wir empfehlen eine **große Rundtour**, die **Itinerario A1** und **Itinerario A2** kombiniert. Folgen Sie zunächst dem **Itinerario 1.** Der Weg steigt im Buschwald an und schon bald bietet sich Ihnen eine herrliche Aussicht auf das Meer, die Inseln Elba, Giglio und Montecristo, alte Wachttürme und die Mündung des Flusses Ombrone. Nach gut 1,5 Std. ist der **Poggio Lecci** 2 (417 m), der höchste Punkt des Parks, erreicht. Nun geht es abwärts, bis zu den **Ruinen des Klosters San Rabano** 3. Weitere 50 Min. auf dem Itinerario 1 führen zu einem Sträßchen, dem Sie nach rechts folgen.

Wer nur eine **kurze Tour** unternehmen will, folgt von der Haltestelle Pratini am besten dem **Itinerario A2** für eine ca. zweistündige Wanderung mit schönen Panoramen, einsamen Stränden und abwechslungsreicher Vegetation.

Naturpark der Maremma #13

Nach wenigen Minuten biegen Sie durch ein Gatter in den Waldweg **Itinerario 2** ein. Er führt zum alten Wachtturm, der **Torre di Castelmarino** 4, und weiter zum **Strand** 5, wo Sie einen Badestopp einlegen können. Sich am Ufer links haltend und dann wieder links landeinwärts, gelangen Sie zur **Torre di Collelungo** 6 und zurück zum Ausgangspunkt.

INFOS/ÖFFNUNGSZEITEN

Anfahrt: per Auto oder Bus ab Bahnhof Grosseto zum Eingang Albarese, von dort zu Fuß, evtl. Shuttlebusse (s. Website)
Centro visite Albarese 1: Via Bersagliere 7–9, Alberese, T 0564 40 70 98, www.parco-maremma.it, tgl. 8.30–20 Uhr, Park 5 €, geführte Touren 10 €
Hinweise: 15. Juni–30. Sept. nur geführte Touren (Waldbrandgefahr; Zeiten vorab erfragen). An Wasser, Essen, Mücken- und Sonnenschutz denken, keine Hunde!

KULINARISCHES FÜR ZWISCHENDRIN

Etwas nördlich von Alberese liegt **Frank & Serafico** 1 (Strada spergolaia, Alberese, www.frankeserafico.com, T 0564 41 84 91, Di–So 18–1 Uhr, Gerichte ab 8 €). Der Hof produziert Wein und Bier und bietet diese in seinem hipp gestylten Lokal an. Dazu gibt es regionale Pasta-, Fleisch- und Gemüsegerichte oder Hamburger und Falafel – alles mit Zutaten aus dem eigenen Garten oder der Umgebung.

EINSAMES BADEVERGNÜGEN

Noch im Park, aber frei zugänglich und mit dem Auto erreichbar ist der Strand **Marina di Alberese** 7 (D 10). Pinienwald und ein breiter, außerhalb der Saison oft völlig einsamer Strand.

Faltplan: D 10–11 | **Rundwanderung:** 4,5 Std. | **Kurztour:** 2 Std.

Die südliche Toscana ▶ Saturnia

zum ehemaligen Gerichtspalast (19. Jh.). Er birgt heute den **Museo Archeologico e d'Arte della Maremma** (Piazza Baccarini 3, T 0564 48 87 50, http://maam.comune.grosseto.it, April/Mai Di–Fr 9.30–16, Sa/So, Fei 10–13, 16–19, Juni–Sept. Di–Fr 10–18, Sa/So, Fei 10–13, 17–20, Okt.–März Di–Fr 9–14, Sa/So, Fei 10–13, 16–19 Uhr, 5 €).

Einmal um die Altstadt
Der **Stadtwall** des 16. Jh. umgibt die Altstadt ähnlich wie in Lucca, aber weitaus bescheidener. Sie können darauf spazieren gehen.

SCHLEMMEN, SHOPPEN, SCHLAFEN

🏠 Komfortabel im Zentrum
Grand Hotel Bastiani
Gepflegtes Hotel in einem Barockpalais, vorzüglicher Komfort, angenehme Einrichtung.
Piazza Gioberti 64, T 0564 20 047, www.hotelbastiani.com, je nach Saison und Ausstattung DZ/ÜF 75–150 €

🍴 Exzellente Fischgerichte
Buca di San Lorenzo
Das Fischrestaurant arbeitet mit garantiert frischen und hochwertigen Grundprodukten. Vorzüglich ist der reichhaltige *antipasto di mare*.
Via Bertani 14–16, Di–Sa 12.30–23 Uhr, Hauptgerichte 15–20 €

🍴 Sympathischer Familienbetrieb
Da Remo
Ausgezeichnete Fischküche.
Santa Maria di Rispescia Nr. 5–7 (6 km südlich), T 05 64 40 50 14, Do–Sa, Mo/Di abends, So mittags und abends, Menü um 40 €

🛍 Marktbummel
Der **Wochenmarkt** *(mercato settimanale)* findet Do vormittags auf der Piazza del Mercato / Piazza Stefano de Maria statt.

🐴 Hoch zu Ross
Bioagriturismo Corte degli Ulivi
Auf dem Hof Corte degli Ulivi in Roselle (10 km nördlich von Grosseto) können Sie einen Reiterurlaub in der Maremma verbringen oder eine Show der Maremmen-Cowboys, der *butteri*, besuchen.
Kontakt über Corte degli Ulivi, Strada dello sbirro, 8100 Roselle, E 9, T 335 651 17 74, www.cortedegliulivi.net

INFOS

ℹ Ufficio informazioni turistiche: Corso Carducci 5, T 0564 48 85 73, www.turismogrosseto.it (Website im Neuaufbau), 2017: Mitte Juni–Mitte Sept. tgl. 9–14, sonst tgl. 10–13 Uhr

ℹ Bus: Toscana Mobilità (www.tiemmespa.it) unterhält Verbindungen in alle Orte der Provinz Grosseto.
Zug: Grosseto liegt an der Bahnstrecke Pisa–Rom. Es gibt gute Verbindungen entlang der gesamten Küste. Eine Nebenlinie führt nach Siena und Florenz.

Saturnia F 10

Saturnia in der weiten, einsamen Landschaft der Maremma ist einer der ältesten Orte Italiens. Bis in die 1970er-Jahre kamen kaum Fremde hierher, inzwischen sind die heilkräftigen Schwefelquellen des Ortes aber immer bekannter geworden. Heute herrscht hier einiger touristischer Betrieb.

WAS TUN IN SATURNIA?

In Thermalquellen baden
Das schwefelhaltige Heilwasser von Saturnia sprudelt mit 37,5° C aus dem Boden. Schon die Etrusker und die Römer haben es genutzt. Im Pool des Kurhotels **Terme di Saturnia** (unterhalb des Ortes, www.termedisaturnia.it, April–Okt. tgl. 9.30–19, Nov.–März tgl. 9.30–17 Uhr, Thermalpark 25 €, plus Mo–Do 5 €, Sa/So, Fei 25 € für das Thermalbad selbst) können Sie in gepflegtem Ambiente baden, das hat allerdings seinen Preis. Frei zugänglich dagegen sind die **Cascate del Mulino.** Die Wasserfälle

ergießen sich 600 m vom Hotel entfernt an der Straße SP 10 Richtung Montemerano. Hier können Sie sich von warmen Naturduschen verwöhnen lassen und in Felsbadewannen plantschen. Ein wunderschöner Platz – allerdings hat sich das herumgesprochen und oft wird es rappelvoll, vor allem an den Wochenenden.

SCHLEMMEN & SCHLAFEN

🏠 Privat übernachten
Auskunft über die zahlreichen Privatvermieter erteilt das Touristenbüro.

🏠 Pool und Garten
Villa Clodia
Angenehmes Haus im Ortskern mit kleinem Garten, Pool und schöner Aussicht.
Via Italia 43, T 0546 012 12, www.hotelvilla clodia.it, DZ/ÜF 110 €

🍴 Bodenständig
Enoteca Bacco e Cerere
Nettes Restaurant mit regionaler Küche. Sie sollten Platz für Nachtisch lassen, denn die Desserts sind exzellent.
Via Mazzini 4, T 0564 60 12 35, April–Okt. tgl. 12.30–14, 19.30–22.30, Nov.– März Di–Sa 12.30–14, 19.30–22.30, So 12.30–14 Uhr Hauptgerichte 14–18 €

🍴 Gute Landküche in Poderi di Montemerano
Locanda Laudomia
Verfeinerte ländliche Küche von ausgezeichneter Qualität.
Via Case Ciani 1, Poderi di Montemerano (10 km südlich von Saturnia), T 0564 62 98 30, Mi–Mo 12–15, 19–23 Uhr, Menü um 30 €

INFOS

ℹ Consorzio Turistico L'Altra Maremma: Via Aldobrandeschi 21, T 0564 60 12 80, www.laltramaremma.it, April–Okt. Di–Fr 9.30–12, Sa 9.30–12.30, 17–20, Nov.–März Di–Fr 9.30–12, Sa 9.30–12.30, 15–18 Uhr

Sovana 📍 F 10

Der winzige, abgelegene Ort auf einem Tuffsteinrücken war zur Zeit der Etrusker und im Mittelalter ein wichtiges Zentrum. Aus diesen Epochen sind zwei schöne Kirchen sowie etruskische Felsgräber (▶ S. 104) erhalten geblieben. Letzere wirken durch die enge Verbindung von Kunst und Natur besonders eindrucksvoll.

Abends besonders pittoresk wirken die aus Tuffgestein errichteten Gebäude Sovanas. Hier lohnen also nicht nur die etruskischen Felsgräber einen Besuch.

Verwunschene Orte – **Felsnekropolen von Sovana**

Tiefe Ruhe herrscht in den Hügeln von Sovana, wo die Etrusker vor mehr als 2000 Jahren Tausende von Gräbern in den weichen Tuffstein gehöhlt haben. Grabschmuck, Skulpturen und Reliefs sind zum großen Teil zerfallen, aber die Reste der alten Architektur inmitten reicher ▼ Pflanzenwelt beeindrucken bis heute.

Früher waren die prunkvollsten Gräber von den Orten und Straßen aus deutlich zu sehen. Sie zogen sich als monumentale Bauten an den Felsen der Täler und Schluchten entlang. Heute liegen die Nekropolen versteckt in dichter Vegetation. Oft ist nichts zu hören als das Plätschern des Wassers und das Zwitschern der Vögel.

Monument der Macht

Die **Tomba Ildebranda** 1 ist einer der größten erhaltenen etruskischen Bauten überhaupt. Um 200 v. Chr. wurde sie in der Form eines Tempels in den Felsen modelliert, anschließend mit einer Stuckglasur überzogen und bemalt. Von den Farben sind nur noch Spuren erhalten, die Tempelsäulen zerfallen – aber das ungewöhnliche Werk beeindruckt allein durch seine Dimensionen und die beherrschende Lage am Rand eines kleinen Tales. Die Grabkammer war nur für eine Person gedacht. Größe und Lage des Grabes lassen auf einen Machthaber schließen.

Etruskische Spuren tauchen in Sovana überall auf. Selbst in den Gärten von Hotelresorts …

Grabkammern im Fels

Ein schmaler Fußweg führt von der Tomba Ildebranda in wenigen Minuten zur **Tomba del Tifone** 2. Das Grab (2. Jh. v. Chr.) zeigt die Form eines Hauses, aus der stark verwitterten Fassade ragen die Reste eines aus dem Tuff geschlagenen Kopfes hervor. Dem Weg folgend, erreichen Sie nach einem kurzen Abstieg die in den Fels gehöhlte jahrtausendealte Etruskerstraße **Cavone** 3, die von Sovana in nördlicher Richtung führt. In den oberen Teil der Felswand sind einfache Grabkammern eingelassen.

Felsnekropolen von Sovana #14

Heute Ton in Ton, einst farbig bemalt – das in den Fels geschlagene Ildebranda-Grab

Hohlwege im Tuff

Wenn Sie von der Cavone kurz Richtung Sovana gehen, finden Sie den Zugang zur **Necropoli San Sebastiano.** Sie passieren die gleichnamige **Kapelle** und steigen zu den Tuffwänden an. An zwei Stellen öffnen sich eindrucksvolle Hohlwege, denen Sie ein Stück weit folgen können. Viele **Gräber** 4 zeigen hier noch die Reste früherer Verzierungen. Die große **Tomba della Sirena** 5 trägt ihren Namen nach der Frauengestalt mit zwei Fischschwänzen oberhalb des Eingangs. Daneben können Sie die Reste zweier geflügelter nackter Figuren erkennen.

INFOS/ÖFFNUNGSZEITEN

Parco Archeologico ›Città del tufo‹/ Necropoli Etrusca (Tomba Ildebranda, Cavone, San Sebastiano): www.leviecave.it, Mitte–Ende März, Nov.–Mariä Empfängnis, 26. Dez.–6. Jan. Sa/So 10–17, April–Sept. tgl. 10–19, Okt.–Allerheiligen tgl. 10–18 Uhr, 5 €

KULINARISCHES FÜR ZWISCHENDRIN

In der **Enoteca Vino al Vino** (Sovana, Via del Duomo 10, T 0564 61 71 08, Mi–Mo 10.30–21 Uhr) bekommen Sie zum ausgewählten Wein Degustationsplatten mit lokalen Wurst- und Käsespezialitäten (15 €).

Faltplan: F 10 | ab Sovana auf SP22 Richtung Saturnia / Necropoli etrusca, nach ca. 4 Min. liegt rechts im Tal ein großer, ausgeschilderter Parkplatz mit den Kassen

Die südliche Toscana ▶ Sovana

WAS TUN IN SOVANA?

Ein Idyll entdecken
Ein einziger Straßenzug mit gedrungenen, blumengeschmückten Häusern bildet die Achse des Ortes. Am einen Ende: die ruinöse **Burg der Adelsfamilie Aldobrandeschi.** Am anderen Ende: der **Dom.**
Dazwischen liegt der Hauptplatz **Piazza del Pretorio** mit den öffentlichen Gebäuden des Mittelalters: dem **Palazzo Pretorio** und der **Loggia del Capitano.** Sie bestehen wie die anderen Bauten des Dorfes aus vulkanischem Tuffgestein.
Außerdem am Platz: die romanische Kirche **Santa Maria** (Sommer: 9–13, 15–20, Winter: 10–13, 15–18 Uhr, Eintritt frei). Sie birgt im Innenraum Renaissancefresken und einen ungewöhnlichen langobardischen Altarbaldachin aus dem 8./9. Jh. mit sehr schönem Reliefmuster. Schauen Sie genau hin, erkennen Sie Blattwerk, Pfauen, Weintrauben und Sonnensymbole.
Der **Dom Santi Pietro e Paolo** (tgl. Sommer 9–13, 15–20, Winter: 10–13, 15–18 Uhr, 2 €) am westlichen Ortsrand stammt aus dem 12./13. Jh. Sein Portal und die Kapitelle des Innenraums sind mit urtümlichen romanischen Skulpturen geschmückt.

SCHLEMMEN & SCHLAFEN

⌂ Sehr ästhetisch
Albergo Scilla
Das Scilla ist ein stilvolles, gemütlich eingerichtetes Hotel. In der Dependance Locanda della Taverna Etrusca sind die Zimmer relativ klein, aber hübsch und sehr ordentlich.
Via Rodolfo Siviero 3, T 0564 61 43 29, www.albergoscilla.com (Dependance: Piazza del Pretorio 16, Rezeption im Albergo Scilla), DZ/ÜF um 85 €

⌂ Persönlich, kulinarisch, außerhalb
La Pieve
Gepflegte Unterkunft abseits der touristischen Routen, auf keinen Fall sollten Sie hier auf das Abendessen (30 €) verzichten!
Via Società Operaia 3, Semproniano (ⅅ F 9, 22 km nördlich von Sovana), T 0564 98 72 52, www.locandalapieve.it, DZ/ÜF um 90 €

⦿ Schöne Aussicht
Ristorante dei Merli
Im Slow-Food-Restaurant des Albergo Scilla sitzten Sie angenehm auf der großen Veranda mit Blick ins Land. Die sehr gute Küche, die regionale Produkte verwendet, verfeinert bodenständige Rezepte. Ausgezeichnet ist z. B. die Ricotta-Spinat-Suppe.
neben dem Albergo Scilla, Via Rodolfo Siviero 1, Mi–Mo 12.30–15, 19–23 Uhr, in der Hochsaison und an Fei auch Di, Menü 30–35 €

INFOS

❶ **Città del Tufo:** Palazzo Pretorio, Piazza del Pretorio 12/A, T 0564 61 40 74, www.leviecave.it, April–Sept. Fr–Mi (Aug. tgl.) 10–13, 15–19, Okt. Fr–Mi 10–13, 15–18, März, Nov., 26.12.–6.1. Sa/So 10–13, 14–17 Uhr

IN DER UMGEBUNG

Verwunschene Orte
Felsnekropolen von Sovana:
▶ S. 104

Wanderung durch Tufflandschaft
Das Dorf **Sorano** (ⅅ G 10) liegt ca. 10 km nordöstlich von Sovana malerisch auf einem vulkanischen Felsen. In den tief eingeschnittenen Tuffschluchten der Umgebung gibt es zahlreiche weitere **Etruskergräber.** Eindrucksvoll ist aber vor allem das Landschaftsbild! Ein schöner **Wanderweg** führt in rund 2 Std. im Tal des Flüsschens Lente von Sorano zur verlassenen mittelalterlichen Stadt **Vitozza** mit einer imposanten Kirchenruine, den Resten mehrerer Burgen und zahlreichen Höhlen und weiter zu dem Dorf **San Quirico,** von wo Sie werktags per Bus nach Sorano zurückfahren können.
Anfahrt von Sovana am besten mit dem eigenen Pkw nach San Quirico d'Orcia, Parkplatz Via di

Die südliche Toscana ▶ Pitigliano

Dolce vita im Ortszentrum von Pitigliano. Um was es geht? Keine Ahnung, aber aus der Ruhe bringen lässt sich die Dame auf dem Stuhl scheint's nicht.

Vitozza, dann ca. 15 km zu Fuß zur Ruinenstadt; auch Bus der Gesellschaft Toscana Mobilità (www.tiemmespa.it)

Pitigliano 🗺 F 10

Pitigliano liegt fotogen über drei tief eingeschnittenen Schluchten; seine braunen Häuser und der große Palazzo der Adelsfamilie Orsini scheinen aus dem Fels hervorzuwachsen. Pitigliano war früher ein Zentrum der Juden in der Toscana. Davon zeugt noch der bis heute hier produzierte koschere Wein. Im Ortskern bummeln Sie am besten ziellos umher, um die Atmosphäre der alten Gassen und den Ausblick in die Landschaft zu genießen.

....

SCHLEMMEN & SCHLAFEN

....

🏠 Traditionsreich
Guastini
Versuchen Sie im Guastini eines der Zimmer mit Blick auf den alten Ortskern zu bekommen, sie sind besonders schön.
Via Petruccioli 1b, T 0564 61 60 65, www.albergoguastini.it, DZ 66 €.

🍴 Beliebt bei jungen Leuten
Locanda del Pozzo Antico
Vorwiegend junge Leute aus dem Ort lassen sich hier blicken – nicht nur die Pizza ist preiswert und gut, sondern auch einige eher ungewöhnliche Gerichte, z. B. Pilz-Kartoffel-Antipasto oder Ravioli mit Radicchio und Gorgonzola.
Via Generale Orsini 21, T 0564 61 44 05, Do–Di 12–15, 19–22 Uhr, Hauptgerichte ab 10 €

🍴 Klassisches Dorflokal
Il Grillo
Sympathische *trattoria* mit Hausmannskost, auch von Einheimischen – ob Priester oder Bauarbeiter – geschätzt.
Via Cavour 9, T 0564 61 52 02, tgl. 11.45–21 Uhr, Menü ab 23 €

....

INFOS

....

ℹ **Informazioni ed Accoglienza Turistica (IAT):** Piazza Garibaldi 12, T 0564 61 71 11

ℹ **Bus:** Toscana Mobilità (www.tiemmespa.it) unterhält werktags einige Verbindungen nach Grosseto.

#15

Nikis farbige Skulpturen – **der Giardino dei Tarocchi**

Ein fantastisches Kunsterlebnis unter freiem Himmel, eingebettet in die Landschaft der Südtoscana: In 20-jähriger Arbeit hat Niki de Saint-Phalle in Garavicchio einen Zaubergarten mit 22 knallbunten, lebensfrohen Riesenskulpturen geschaffen.

Wer auf der Küstenstraße kommt, sieht sie schon von Weitem durch das immergrüne Laub schimmern. Sonne und Mond, Engel und Teufel, Narr und Kaiser – die Figuren des Tarot-Kartenspiels als monumentale Skulpturen. Bis zu 15 m hoch sind sie und von farbigen Keramiken, Spiegelmosaiken und Glas bedeckt. Mit ihrem **Tarotgarten** hat die französisch-schweizerische Künstlerin Niki de Saint-Phalle 1978–98 einen Ort zum Träumen geschaffen, eine Gartenanlage als Dialog zwischen Natur und Skulptur. Inmitten von Hügeln liegt er als verzauberter Ort, als glitzerbuntes Märchenreich. Vor der schnöden Realität schützt ihn eine **Tuffsteinmauer,** die zugleich, ganz banal, Eingang, Kasse und Shop birgt.

Wohnen bis zur Wiedergeburt
Dahinter wartet die fantastische Ideenwelt der Künstlerin. Wie eine Märchenhöhle wirkt das mit Tausenden Spiegelteilchen besetzte, begehbare Innere der **Kaiserin** 1. Hier hat Saint-Phalle zeitweise sogar gewohnt, sich ein kurioses Bade- und ein Schlafzimmer eingerichtet. Sie wollte eine neue Mutter erfinden, eine Muttergöttin, und in ihrem Körper wiedergeboren werden. Aus dem Mund eines Riesengesichts – der **Hohepriesterin** 2 – stürzt ein rauschender Wasserfall in ein Becken. Dort dreht sich als **Rad des Schicksals** 3 eine Kunstmaschine von Jean Tinguely. Die **Sonne** 4 ist gestaltet wie ein Vogel aus den Legenden indigener Völker Amerikas, die **Welt** 5 steht im Garten als eine »Karte des glanzvollen Innenlebens« (Saint-Phalle). In ihrem

---

T TECHNIK

Hinter den bunten Fassaden der Skulpturen stecken aufwendige Arbeitstechniken – die großen Figuren bestehen im Kern aus einer Eisenkonstruktion mit Drahtgittern, auf die Zement gespritzt wurde. Darüber wurden Keramiken geformt, im Ofen gebrannt, später wieder auf die Skulpturen gesetzt und mit Glas- und Spiegelstücken verziert.

Giardino dei Tarocchi #15

Der Fantasie werden im Tarotgarten keine Grenzen gesetzt.

Inneren liege das Geheimnis der Welt. Tarotmystik, Legenden alter Kulturen und persönliche Symbolik greifen überall vielfältig ineinander.

Lebenstraum und Fantasiemaschine

Die Realisation ihrer Märchenwelt hat die Künstlerin 20 Jahre, intensive Arbeit und viel Geld gekostet. Das hügelige Gelände bei Garavicchio stellte ein befreundetes Paar zur Verfügung. Lebens- und Kunstgefährte Jean Tinguely und eine Künstlergruppe vor Ort halfen bei der Gestaltung. Entstanden ist ein Kunst gewordener Lebenstraum, den jeder für sich selbst weiterspinnen kann. Ihr Tarot sei eine Fantasiemaschine, so Saint-Phalle – jeder könne hinter den symbolischen Bildern etwas anderes sehen, bunte Üppigkeit oder mystische Symbolik, ganz nach Belieben.

INFOS/ÖFFNUNGSZEITEN

Giardino dei Tarocchi: Garavicchio, T 0564 89 51 22, www.ilgiardino deitarocchi.it/de, April–15. Okt. tgl. 14.30–19.30, Nov.–März Mo–Fr 8–16 Uhr, 12 €; Nov.–März 1. Sa des Monats 9–13 Uhr, Eintritt frei

KULINARISCHES FÜR ZWISCHENDRIN

Il Frantoio (Via Renato Fucini 10, Capalbio, www.frantoiocapalbio. com, Do–Mo 18.30– 23 Uhr) ist ein Erlebnis, nicht nur wegen Bar, Sommergarten und feiner Küche. Hier locken auch zeitgenössische Kunst, Bibliothek und Weingeschäft.

Faltplan: F 11

Hin & weg

ANREISE

... mit dem Flugzeug
Die Toscana hat zwei internationale Flughäfen: den **Aeroporto Amerigo Vespucci** (Florenz; www.aeroporto.firenze.it) in Florenz und den **Aeroporto Galileo Galilei** (Pisa; www.pisa-airport.com). Außerdem erreicht man die Region gut über den **Aeroporto di Bologna** (www.bologna-airport.it. An den Flughäfen sind zahlreiche **Mietwagenfirmen** vertreten.
Von/zum Flughafen Florenz: Volainbus (BUSITALIA - SITA Nord, www.fsbusitalia.it), Shuttle Flughafen–Hbf–Florenz-Zentrum (6 €); **Taxi** Flughafen–Florenz-Zentrum 22 € (So, Fei 24 €, nachts 25,30 €), Gepäckstück 1 €.
Von/zum Flughafen Pisa: People Mover Flughafen–Hbf Pisa (nur 1 km, tgl. 6–24 Uhr, 5/8 Min.); **Taxi** (Abrechnung per Taxameter); verschiedene **Buslinien** nach Florenz, Siena, Lucca, Viareggio, Pietrasanta.
Flughafen Bologna: Aerobus - BLQ Flughafen–Hbf (tgl. alle 11 Min., ca. 20 Min.), vom Hbf Bologna ca. alle 40–60 Min. **Züge** nach Florenz; **Appennino Shuttle** (Bus) Flughafen–Florenz (www.appenninoshuttle.it, tgl., Fahrtzeit ca. 90 Min., 20 €).

... mit der Bahn
Gute Bahnverbindungen nach **Florenz** gibt es u. a. von München, Basel, Zürich, Innsbruck und Wien. Auskunft auch für die italienischen Strecken (allerdings ohne Preisangaben) am verlässlichsten auf www.bahn.de. Die **Website der italienischen Staatsbahnen** gibt die Preise an, unterschlägt aber gern preisgünstigere Verbindungen: www.trenitalia.com.

... mit dem Auto
Aus dem südwestdeutschen Raum und der Schweiz führt die Strecke über den Gotthard und Mailand nach Florenz (ab Basel 700 km), aus Bayern und Österreich über den Brenner, Verona und Modena nach Florenz (ab München 750 km). Die Anreise verläuft ausnahmslos auf Autobahnen (in Italien gebührenpflichtig, rund 6 €/100 km). Bei der Anreise durch die Schweiz müssen Sie die ganzjährig gültige Autobahnvignette erwerben (38,50 €), in Österreich kommt zur erforderlichen Autobahnvignette (8,90 €/10 Tage, 25,90 €/2 Monate, 86,40/Jahr €) noch die Mautgebühr für die Brenner-Autobahn (8,50 €/einfache Fahrt) als Kostenfaktor hinzu.

Einreisebestimmungen
Ausweispapiere: Bürger aus der EU und der Schweiz müssen einen gültigen Personalausweis oder Reisepass mitführen. Das gilt auch für Kinder und Jugendliche. Autofahrer benötigen außerdem ihren nationalen Führerschein sowie den Kfz-Schein. Die Mitnahme der internationalen grünen Versicherungskarte ist empfehlenswert.

INFORMATIONSQUELLEN

... in Deutschland und Österreich
Italienische Zentrale für Tourismus (ENIT): Barckhausstr. 10, 60325 Frankfurt/M., T 069 23 74 34, www.enit.de, Mo–Fr 9.15–17 Uhr.
Italienische Zentrale für Tourismus (ENIT): Mariahilfer Str.1b/XVI, 1060 Wien T 01 505 16 39, www.enit.at.

... in der Toscana
Zuständig sind die örtlichen Fremdenverkehrsämter, entsprechende Angaben finden Sie im Reiseteil bei den jeweiligen Orten.

... im Internet
Landeskennung Italien: .it
Suchmaschinen: Nicht vergessen, sowohl ›Toskana‹ als auch ›Toscana‹ einzugeben!

www.intoscana.it: Sehr informative Seite mit aktuellen Terminen, Neuigkeiten und Tipps zum Leben und Reisen in der Toscana. U.a. werden hier alle aktuellen *sagre*, also die vielen Volksfeste der Region, angekündigt! Leider nur auf italienisch.
www.sagretoscane.com: Noch eine Seite zu den toscanischen Volksfesten, leider nur auf italienisch.
www.turismo.intoscana.it: Die offizielle Tourismusseite der Region Toscana. Lohnt sich, denn hier gibt es viele Infos und Tips zu Sehenswürdigkeiten, Unterkünften, Geschichte, Veranstaltungen, Thermalbädern u. a. Besonders interessant sind die aktuellen Blogs (auf englisch und italienisch) und App-Angebote. Auf Italienisch und Deutsch.
www.mtvtoscana.com: Für Weinliebhaber. Viele Adressen, Events und Neuigkeiten rund um den toscanischen Weinbau.
www.rivieratoscana.com: Der Überblick über die toscanische Küste gehört zu den besten der offiziellen Toscana-Websites. Auf Italienisch und Deutsch.
www.toscana-online.de: Private Seite mit Hintergrundinformationen und Reisetipps vor allem zur westlichen Toscana (Lucca, Pisa, Montecatini Terme, Küste der Versilia). Auf Deutsch.

KLIMA UND REISEZEIT

Eine Toscanareise ist ganzjährig ein Erlebnis! Auch im Winter gibt es Schönwetterperioden mit milden Temperaturen und die Kunststädte – vor allem Florenz – lassen sich dann wesentlich ungestörter besichtigen. Besonders schön ist das Frühjahr, nicht zuletzt die Temperaturen sind meist sehr angenehm: Schon im März kann es sehr mild sein, im April und Mai liegen die Temperaturen tagsüber meist um 16–25 °C. Im Winter sinken die Werte kaum unter die Frostgrenze, Schnee fällt in der Toscana nur ausgesprochen selten.

Hin & weg

SICHERHEIT UND NOTFÄLLE

Die Toscana hat eine sehr niedrige Kriminalitätsrate, auf besondere Vorsichtsmaßnahmen können Sie deshalb normalerweise verzichten. Allerdings besser nie Wertsachen im Auto zurücklassen! Aufpassen heißt es auch in Florenz und Pisa, in den Sommermonaten an der Küste, wenn dort Taschendiebe aktiv werden. Einen mit Reisegepäck beladenen Wagen stellt man in diesen Orten besser nur auf einem bewachten Parkplatz ab.

Notrufnummern
Notruf: 112 (Handy, gebührenfrei)
Polizei: 113
Feuerwehr: 115
Erste Hilfe/Notarzt: 118
ACI (ital. Automobilclub): 116
ADAC: 039 210 41
Sperrnotruf Bank-/Kreditkarte etc.: 0049 11 61 16

Diplomatische Vertretungen
Deutschland: Honorarkonsulat in Florenz, T 055 234 35 43 (Mo–Do 9–10, 14–15, Fr 9–10 Uhr), www.italien.diplo.de.
Österreich: Konsulat in Florenz, T 055 265 42 22, www.bmeia.gv.at.
Schweiz: Honorarkonsulat in Florenz, T 055 22 24 34, www.eda.admin.ch.

SPORT & AKTIVITÄTEN

Baden und Strände
In der Toscana kann man wunderbar am Strand liegen und italienisches Dolce Vita genießen! (▶ S. 114)

Radfahren/Mountainbiking
Radtouren in der Toscana können großen Spaß machen, allerdings sollten Sie sich dafür kleine Landstraßen aussuchen. Da es **keine Radwege** gibt, wird auf den Hauptstraßen der dichte Autoverkehr oft unangenehm. Im Hügelland sind die Steigungen häufig beträchtlich, die Ebenen dagegen landschaftlich nicht so

Hin & weg

Auch im Herbst eine Landschaft zum Träumen: die Val d'Orcia

interessant. Mit dem **Mountainbike** können Sie auf den zahlreichen *strade bianche,* ungeteerten breiten Fahrwegen, gut dem Autoverkehr ausweichen. Besonders **gut radeln** lässt sich in der weiten, dünn besiedelten Landschaft der **Südtoscana**, etwa bei Montalcino, Pienza, Montepulciano. Allerdings weicht nach starken Regenfällen der Lehmboden gewaltig auf, unbefestigte Straßen und Wege sind dann nicht mehr befahrbar.
Eine gute **Straßenkarte** ist »Toscana« im Maßstab 1:200 000 vom Touring Club Italiano (im deutschsprachigen Raum von Kümmerly & Frey verlegt).
Fahrradverleihe gibt es u. a. in Florenz, Lucca, Massa Marittima, Montalcino und Pienza (s. bei den Orten).

Reiten
Zahlreiche Reitschulen und *agriturismo*-Unterkünfte bieten Möglichkeiten zum Reiten. Besonders häufig sind solche Angebote in der **Maremma**, dem Land der *butteri,* der berühmten Maremma-Cowboys (Infos: Corte degli Ulivi, Grosseto, ▶ S. 102). Für andere Regionen der Toscana fragen Sie am besten bei den regionalen Touristenbüros an oder schauen im Angebot der *agriturismi.* nach.

Segeln und Surfen
Segeln – unter eigener Flagge oder mit gecharterten Booten – können Sie an der gesamten Küste, Segel- und Surfschulen gibt es in fast allen Orten am Meer. Segelboote (auch mit Skipper) können Sie in Viareggio, Pisa, Livorno, Punta Ala und Talamone mieten.

Wandern
In der Toscana lassen sich wunderbare Wanderungen im Hügelland und in den Bergregionen des Apennin durchführen. Die **besten Jahreszeiten** sind Frühjahr (April–Mitte Juni) und Herbst (Mitte Sept./Okt.). Wegmarkierungen und Kartenmaterial sind meist unzuverlässig. Um die wirklich schönen Touren machen zu können, ist ein Wanderführer (z. B. »DuMont aktiv: Wandern in der Toscana«) empfehlenswert. Die am besten erschlossenen **Wandergebiete** sind die Chianti-Region zwischen Florenz und Siena und die Crete südlich von Siena, außerdem das Hochgebirge der Apuanischen Alpen.
Toscana-Wanderungen im Internet: www.italienwandern.de.

Wellness und Thermalorte
In der Toscana sprudelt eine große Zahl von Thermalquellen – rund 50 Kurorte gibt es in der Region. Manche sind klassische Heilbäder mit Dutzenden von Hotels und Kuranlagen, andere haben nur ein kleines Thermalhotel und liegen versteckt in einsamer Landschaft.
Der berühmteste toscanische Badeort ist **Montecatini Terme** (🗺 C 4), 50 km westlich von Florenz. Besonders beliebt geworden sind in letzter Zeit die Schwefelquellen von **Saturnia** (▶ S. 102). Weniger bekannt sind **Bagno Vignoni** und **Bagni di San Filippo** (beide: ▶ S. 89) südlich von Siena.
Gesamtüberblick im Internet: www.termeitaliane.com, www.turismo.intoscana.it (deutschsprachig; Button ›Wellness‹).

ÜBERNACHTEN

Sie haben die Wahl: Die Toscana hat ein Riesenangebot an Hotels, *agriturismi*, Privatunterkünften (Bed & Breakfast) und Ferienwohnungen.

Preisniveau
Ein Doppelzimmer (DZ) in einem schönen, komfortablen Mittelklassehotel kostet 100–150 €; in angenehmen einfachen Häusern gewöhnlich ab 60 €. Bei airbnb.com gibt es Zimmer und auch ganze Wohnungen schon ab 25–30 €. Die im Buch angegebenen Preise beziehen sich, sofern nicht anders angegeben, auf ein Doppelzimmer mit eigenem Bad. Einzelzimmer kosten etwa ein Drittel weniger. Die Preise schwanken stark je nach Saison und Nachfrage. Für die Suche nach Sonderangeboten ist die Website www.trivago.de hilfreich: Sie filtert die jeweils günstigsten Internetangebote.
Zwischen April und Oktober sollten Sie Ihre Unterkunft im Voraus reservieren, viele Hotels sind dann langfristig ausgebucht. Auch während der örtlichen Feste ist es oft unmöglich, am jeweiligen Ort kurzfristig eine Unterkunft zu bekommen.

Hotels
Die Hotels werden von den staatlichen Tourismusbehörden klassifiziert (1–5 Sterne); diese Einordnung berücksichtigt Ausstattung und Komfortstandard, sagt aber wenig über den Stil des Hauses – Sauberkeit, Freundlichkeit und Atmosphäre – aus. Unter Denkmalschutz stehende Gebäude – sogenannte *dimore storiche* – haben deshalb gar keine Sterne, sind aber oft sehr schön, die Zimmer oft sehr unterschiedlich zugeschnitten. Manchmal mangelt es etwas an Komfort. Hotels in Strandnähe sind in der Regel Neubauten, hier kommt es auf die letzte Renovierung an.

Agriturismo
Agriturismo (Urlaub auf dem Bauernhof) ist eine gute Idee, wenn Sie auf dem Land urlauben möchten. Die meisten toscanischen *agriturismi* sind schick renovierte Ferienwohnungen auf dem Land, die dazugehörigen Bauernhöfe oft Weingüter. Eine große Auswahl an Adressen gibt es unter **www.landreise.de.**

Bed & Breakfast
Oft preiswerter als Hotels: Die von Privatvermietern geführten B & Bs. Einen

---

GUTE STANDORTE

... für Besichtigungstouren
Für Ausflüge besonders gut gelegene **Städte** sind **Florenz** (☐ E 4–5, ▸ S. 16) und **Siena** (☐ E 7, ▸ S. 71), aber auch **Pistoia** (☐ D 4, ▸ S. 34) und **Lucca** (☐ B 4, ▸ S. 35). Von Florenz aus lässt sich besonders viel mit öffentlichen Verkehrsmitteln unternehmen. Auf dem **Land** liegen das **Chiantigebiet** (☐ E 5–6, ▸ S. 32) und die **Umgebung von San Gimignano** (San Gimignano: ☐ D 6, ▸ S. 60) für den Besuch der toscanischen Kunststädte am besten.
Günstiger kommen Sie in der **südlichen Toscana** unter, etwas weiter von den berühmten touristischen Glanzlichtern entfernt. Aber auch hier können Sie – etwa von **Pienza** (☐ F 8, ▸ S. 85) oder **Montepulciano** (☐ G 8, ▸ S. 84) und ihrer Umgebung aus – viele Touren unternehmen.

... für ruhigeren Landurlaub
Sie haben Lust auf einen ruhigen Landaufenthalt, mit weniger Rundtouren und mehr Genuss an Ort und Stelle? Fahren Sie in das weite Gebiet der **Maremma** (☐ D–E 9–11, ▸ S. 99, S. 100) im Südosten der Toscana! Die Unterkünfte sind dünner gesät, die Atmosphäre ist weniger touristisch als in den bekannteren Orten des Nordens.

Hin & weg

STRÄNDE

Strandsommer in der Toscana ist eine tolle Idee, wenn Sie eine Pause von Kunst, Altstädten und Sommerhitze brauchen. Manchmal genügt schon ein Tag, etwa an der **Marina di Pisa** (📖 B 5, ▶ S. 48), aber auch länger lässt es sich hier gut aushalten! Im Norden, **zwischen Carrara und Viareggio** (Viareggio, 📖 A 3–B 4, ▶ S. 50), sind die Strände dem verstädterten Küstengebiet der **Versilia** vorgelagert. Die einsameren Küstenabschnitte liegen südlich auch **Livorno** (📖 B 6) an der **Riviera degli Etruschi** (San Vincenzo, 📖 C 8, ▶ S. 96) und der **Maremmenküste** (Castiglione della Pescaia, 📖 D 9, ▶ S. 98). Im Hochsommer ist es allerdings fast überall ziemlich voll; ein ›freier Strand‹ *(spiaggia libera)*, an dem nicht für Sonnenschirm und Liegestuhl bezahlt werden muss, ist schwer zu finden. Ein Tipp unter vielen ist **Marina di Castagneto-Donorático** (📖 C 7, ▶ S. 97). Am kleinen **Golfo di Baratti** (📖 B 8, ▶ S. 97) liegt die hübscheste Badebucht des toscanischen Festlands direkt neben der etruskischen Nekropole von Populonia. An der dünn besiedelten Maremmenküste weiter südlich liegen die schönen **Sandstrände von Punta Ala** (📖 C 9). Gänzlich unberührt von den Spuren moderner Zivilisation ist der **Naturpark der Maremma** (📖 D–E 10, ▶ S. 100).

Überblick finden Sie auf den Websites der örtlichen Touristenbüros (Stichworte ›Bed & Breakfast‹ und ›affittacamere‹), im Internet auf **www.bbitalia.it**.

Ferienwohnungen
Ferienwohnungen gibt es in der Toscana in großer Zahl, darunter viele wunderschöne Unterkünfte in restaurierten Häusern auf dem Land. Professionelle Anbieter sind z. B. **www.italia-casale.de** oder Sempre Italia (www.sempre-italia.de). Auch auf **www.airbnb.com** gibt es mittlerweile eine große Auswahl an Zimmern und Ferienwohnungen, oft mit entspannten Storno-Bedingungen!

Jugendherbergen
Jugendherbergen gibt es u. a. in Florenz, Siena, Pisa, Arezzo, Cortona, Marina di Carrara, Tavarnelle Val di Pesa (Chiantigebiet). Es werden Mehrbettzimmer angeboten, manchmal auch Zwei- und Dreibettzimmer. Infos und Buchung über www.aighostels.it (italienischer Verband), www.hihostels.com (internationaler Verband). Günstigere Preise mit JH-Ausweis, den Sie auf www.jugendherberge.de online beantragen können.

Camping
An der Küste gibt es viele Campingplätze, im Binnenland vor allem in den wichtigeren Touristenorten Florenz, Siena, San Gimignano, Volterra und Pisa. Infos z. B. über www.camping.it.

VERKEHRSMITTEL

Bahn
Die Bahn ist in der Toscana eine sehr gute Alternative zum eigenen Auto!
Fahrkarten und Preise: Die Fahrpreise in der 2. Klasse liegen bei ca. 10 €/100 km für Regionalzüge, 12 €/100 km für IC-Züge, 18–25 €/100 km für die Hochgeschwindigkeitszüge Frecciabianca und Frecciarossa. Sehr viel günstiger fahren Sie bei rechtzeitiger Reservierung auf www.trenitalia.com (bis zu drei Monate im Voraus). Tickets für Regionalzüge sollten Sie im Land kaufen, sie sind dort billiger. Kurzfristig benötigte Fahrkarten sollten Sie vor Fahrtantritt am Schalter lösen. Nachlösen im Zug ist sehr teuer.
Achtung: Die Fahrkarten müssen vor Reisebeginn an Automaten abgestempelt werden.
Information: www.bahn.de (verlässlich auch für inneritalienische Verbindungen, allerdings ohne Preisangaben), www.

trenitalia.com.
Bus
Busse verkehren zwischen größeren Orten (z. B. Siena–Florenz, Florenz–Lucca u. a.) sowie von den Provinzhauptstädten (Arezzo, Florenz, Grosseto, Livorno, Lucca, Massa-Carrara, Pisa, Pistoia, Siena) in alle Orte der jeweiligen Provinz.
Fahrkarten und Preise: Meist sind die Tickets nicht im Bus erhältlich, sondern müssen am Schalter des Busbahnhofs erworben werden. In kleineren Orten sind sie in *tabacchi* oder Bars erhältlich. Die Fahrpreise sind denen der Bahn vergleichbar.
Fahrpläne: An Sonn- und Feiertagen *(giorni festivi)* fahren die Busse auf vielen Strecken nicht oder erheblich seltener als werktags *(giorni feriali).*
Fahrplanauskunft: Telefonisch auf Italienisch und mit etwas Glück auch auf Englisch, im Internet nur in Italienisch (auf ›orari‹, ggf. auch auf ›linee extraurbane‹ klicken). **Infos Provinz Florenz mit Chiantigebiet:** CAP (www.capautolinee.it), Lazzi (www.lazzi.it), Sita (www.sitabus.it/firenze-siena-autobus). **Provinzen Siena, Grosseto und Arezzo:** T 800 922 984 (aus dem Festnetz), 199 168 182 (mobil), www.tiemmespa.it. **Provinzen Pisa/Lucca:** CTT Nord, www.cttnord.it.

Taxi
Taxen sind in den Städten gewöhnlich leicht zu bekommen, Rufnummern stehen im Telefonbuch unter *taxi* und *radio-taxi.* Der **Fahrpreis** beträgt ca. 2 €/km (Mindestgebühr ca. 5 €; Zuschläge für Gepäck, Fahrten an Sonntagen, Nachtfahrten). Taxifahrer sind bei Stadtfahrten verpflichtet, den Taxameter einzuschalten. Auf dem Land erfährt man in Hotels, Restaurants oder Bars die Adresse des örtlichen Taxifahrers – sofern es einen gibt.

Mietwagen/eigener Pkw
Autoverleihfirmen finden Sie an den Flughäfen Florenz und Pisa sowie in Arezzo, Grosseto, Livorno, Lucca, Pisa, Prato, Siena, Viareggio.
Autobahnen sind in Italien gebührenpflichtig (ca. 7 €/100 km).

Vorfahrt Kunst! Genau hinschauen heißt es bei diesen Straßenschildern in Florenz. Nicht etwa wegen des Verkehrs, sondern wegen der Beklebungen durch Clet Abraham (geb. 1966). Der französische Künstler hat ein frei zugängliches Studio im Viertel San Niccolò. Vielleicht treffen Sie ihn ja persönlich, in der Via dell'Olmo 8.

Verkehrsregeln: Höchstgeschwindigkeit auf Autobahnen 130 km/h, auf Schnellstraßen 110 km/h, 90 km/h und innerorts 50 km/h. Außerhalb geschlossener Ortschaften muss auch tagsüber das **Abblendlicht** eingeschaltet werden!
Italienische Autofahrer halten sich nicht unbedingt an die Verkehrsregeln, fahren aber aufmerksam. Oft ist die spontane Einschätzung der Situation wichtiger als die strenge Einhaltung der Vorschriften!

Die **Slow-Food-Bewegung** (www.slowfood.de), offiziell im Piemont gegründet, hat in der Toscana ihren Ausgang genommen und ist dort weiterhin gut vertreten. Zahlreiche Restaurants und Lebensmittelproduzenten haben sich dieser Bewegung angeschlossen, die den Verbrauch regional produzierter, qualitativ hochwertiger Lebensmittel fördert. Interessant ist auch das neuere Stichwort **Kilometro zero** (▶ S. 68), das für nachhaltige Küche und Lebensmittelproduktion mit Zutaten aus der nächsten Umgebung steht.

O-Ton Toscana

Register

A
Abbazia di Sant'Antimo 95
Agriturismo 113
Aktivitäten 111
Albarese 100
Anello del Monte Amiata 92
Anreise/Ankommen 110
Arezzo 78
Autofahren 115

B
Baden 111
Badia a Passignano 58
Bagni di San Filippo 90
Bagno Vignoni 89
Bahn 114
Bargino 57
Bed & Breakfast 113
Bosco della Ragnaia 92
Bus 115

C
Camping 114
Capalbio 109
Carrara 52
Cascate del Mulino 102
Castelnuovo dell'Abate 95
Castiglione della Pescaia 98, 114
Chianti(gebiet), Roadtrip 57
Collodi 43
Colonnata 52
Cortona 80

D
Diplomatische Vertretungen 111

E
Einreisebestimmungen 110
Essen & Trinken 10
Etruskergräber 104

F
Fantiscritti 53
Ferienwohnungen 114
Fiesole 31
Florenz
– Tesoro dei Granduchi 24
Florenz (Firenze) 16
– Baptisterium 23
– Bargello 21
– Cappella Brancacci 27
– Cappelle Medicee (Medici-Kapellen) 21
– Cattedrale di Santa Maria del Fiore 23
– Cosimo de' Medici 16
– David 16
– Forte di Belvedere 20
– Galleria dell'Accademia 21
– Gallerie degli Uffizi (Uffizien) 16, 22
– Giardino Bardini 20
– Giardino delle Rose 20
– Giardino di Boboli (Boboli-Garten) 24
– Märkte 29
– Marktviertel 26
– Medici-Villa 20
– Mercato Centrale 26
– Museo dell'Opera del Duomo 23
– Oltrarno-Viertel 26
– Palazzo Medici-Riccardi 21
– Palazzo Pitti 24
– Palazzo Spini Ferroni 17
– Palazzo Strozzi 16
– Palazzo Vecchio 16
– Piazza della Repubblica 16
– Piazza della Signoria 16
– Piazzale Michelangelo 20
– San Lorenzo 21
– San Miniato al Monte 20
– Santa Croce 17
– Santa Maria del Carmine 27
– Santa Maria Novella 21
– Via de' Tornabuoni 17
Fremdenverkehrsämter 110

G
Garavicchio 109
Geschlechtertürme 62
Giardino dei Tarocchi 108
Giardino di Daniel Spoerri 90
Golfo di Baratti 97
Greve in Chianti 56, 57
Grosseto 99

H
Hotels 113

I
Informationsquellen 110
Infos im Internet 110
Internet 110
Italienische Zentrale für Tourismus (ENIT) 110

J
Jugendherbergen 114

K
Kilometro zero 68, 115
Klima 111
Konsulate 111

L
Livorno 51, 114
Lucca 35

M
Maremma 99, 100
Maremmenküste 114
Marina di Alberese 101
Marina di Castagneto-Donorático 114
Marina di Castagneto-Donorático 97
Marina di Pisa 48, 114
Marina di Vecchiano 47
Massa Marittima 97
Mietwagen 115
Montalcino 92, 94
Monte Amiata 89, 92
Montecatini Terme 112
Montepulciano 84

N
Notfälle 111
Notrufnummern 111

117

Register

P
Panzano 58
Parco Archeologico ›Città del tufo‹/Necropoli Etrusca 105
Parco Naturale della Maremma 100, 114
Parco Regionale Migliarino, San Rossore, Massaciuccoli 47
Parco Sculture del Chianti 58
Pienza 85
Pisa 43
– Baptisterium 44
– Campanile (Schiefer Turm) 44
– Camposanto 44
– Dom 44
– Marktviertel um die Piazza Sant'Omobono 45
– Orto botanico (Botanischer Garten) 44
– Palazzo della Caravona 45
– Piazza Dante Alighieri 45
– Tuttomondo 43
Pistoia 34
Pitigliano 107
Prato 32

Preisniveau 113
Punta Ala 114

R
Radfahren/Mountainbiking 111
Reisezeit 111
Reiten 112
Riviera degli Etruschi 96, 114
Roselle 112

S
San Gimignano 60
San Giovanni d'Asso 92
San Vincenzo 96, 114
Saturnia 102
Segeln 112
Seggiano 90
Sicherheit 111
Siena 71
– Baptisterium 72
– Duomo Santa Maria Assunta 71
– Krypta 72
– Museo dell'Opera del Duomo 71
– Palazzo Pubblico 74
– Palio 74
– Piazza del Campo 74

– Pinacoteca Nazionale 72
Slow-Food-Bewegung 115
Sovana 103
Sperrnotruf 111
Sport 111
Standorte 113
Strada del Marmo (Marmorstraße) 52
Strände 111, 114
Surfen 112

T
Taxi 115
Thermalorte 112

V
Vergheto 52
Verkehrsmittel in der Toscana 114
Versilia 50, 114
Viareggio 50
Volterra 66

W
Wandern 112
Wandern am Monte Amiata 92
Wandern in der südlichen Toscana 94
Wellness 112

Das Klima im Blick
Reisen bereichert und verbindet Menschen und Kulturen. Wer reist, erzeugt auch CO_2. Der Flugverkehr trägt mit bis zu 10 % zur globalen Erwärmung bei. Wer das Klima schützen will, sollte sich – wenn möglich – für eine schonendere Reiseform entscheiden oder die Projekte von atmosfair unterstützen. Flugpassagiere spenden einen kilometerabhängigen Beitrag für die von ihnen verursachten Emissionen und finanzieren damit Projekte in Entwicklungsländern, die dort den Ausstoß von Klimagasen verringern helfen (www.atmosfair.de). Auch die Mitarbeiter des DuMont Reiseverlags fliegen mit atmosfair!